피와 혈액형

드라큘라도 궁금해!

통합교과 시리즈
참 잘했어요 과학 23

드라큘라도 궁금해! 피와 혈액형

ⓒ 김희정, 2021

1판 1쇄 발행 2021년 5월 25일 | **1판 4쇄 발행** 2025년 12월 5일

글 김희정 | **그림** 이경석 | **감수** 서울과학교사모임
펴낸이 권준구 | **펴낸곳** (주)지학사
편집장 김지영 | **편집** 박보영 이지연 | **디자인** 이혜리
마케팅 송성만 손정빈 윤술옥 이채영 | **제작** 김현정 이진형 강석준 오지형
등록 2010년 1월 29일(제313-2010-24호) | **주소** 서울시 마포구 신촌로6길 5
전화 02.330.5263 | **팩스** 02.3141.4488 | **이메일** arbolbooks@jihak.co.kr
ISBN 979-11-6204-115-4 74400
ISBN 979-11-85786-82-7 74400(세트)
잘못된 책은 구입하신 곳에서 바꿔 드립니다.

제조국 대한민국　**사용연령** 8세 이상
KC마크는 이 제품이 공통안전기준에 적합하였음을 의미합니다.

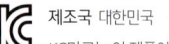
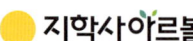

아르볼은 '나무'를 뜻하는 스페인어. 어린이들의 마음에 담긴 씨앗을 알찬 열매로 맺게 하는 나무가 되겠습니다.

홈페이지 www.jihak.co.kr/arbol | **블로그** blog.naver.com/arbolbooks

펴냄 글

 과학은 왜 어려울까?

- 생물, 지구과학, 물리, 화학 등 공부해야 할 범위가 넓다.
- 책이나 교과서를 볼 땐 이해할 것 같다가도 돌아서면 헷갈린다.
- 과학 현상이나 원리가 어려워서 이해가 안 된다.
- 과학 공부를 할 때 어려운 단어가 많이 나온다.

과학 공부, 쉽게 하려면 통합교과 시리즈를 펼치자!

통합교과란?

- 서로 다른 교과를 주제나 활동 중심으로 엮은 새로운 개념의 교과
- 하나의 주제를 **역사·개념·건강·문화·직업** 등 다양한 영역에서 접근해 정보 전달 효과를 높임
- 문·이과 통합 교육 과정에 안성맞춤

이런 학생들에게 통합교과 시리즈를 추천합니다!

과학 교과를 처음 배우는 초등학교 **3학년**

과학이 지겹고 어렵게 느껴지는 **4학년**

역사
과거부터 현재까지, 관련 분야의 역사 지식이 머릿속에 쏙!

직업
관련된 직업을 살펴보고 나와 맞는 꿈 찾기

통합교과 시리즈

문화
주제와 관련된 문화 분야 살펴보고 상상력 기르기

개념
개념을 알아야 주제가 보인다! 개념 완벽 정리!

건강
질병 정보를 살펴보고 건강의 소중함 깨닫기

차례

1화
드라큘라가 나타났다! <역사> 피를 연구하다 10

16 옛날엔 피를 어떻게 생각했을까?
24 핏속을 떠다니는 것들이 있어!
30 한 걸음 더 이발소 표시등의 유래
18 혈액 순환의 비밀을 알아내다!
26 피에도 종류가 있다고?

2화
적혈구를 만나다! <개념> 혈액 순환과 피의 성분 32

38 빙글빙글 도는 피 - 폐순환과 온몸순환
45 피는 어디서 만들어질까?
50 한 걸음 더 혈액형이 변할까?
40 핏속을 들여다보다! - 피의 성분
46 내 혈액형을 맞혀 봐!

3화
빈혈인가 봐! <건강> 피와 관련된 병 52

58 내 몸에 피가 모자라! 빈혈
62 백혈구에 생긴 암, 백혈병
68 한 걸음 더 맑고 깨끗한 피 Yes, 끈적끈적한 피 No!
60 피가 잘 멈추지 않는 병
65 후천성 면역 결핍증, 에이즈

4화
피로 만든 음식이 있다고?! 문화 피와 관련된 문화 70

- 76 피로 만든 음식
- 78 성격 좋은 혈액형이 있다? 없다!
- 80 인간의 피를 신에게 바치다
- 84 한 걸음 더 드라큘라 백작 이야기

5화
사건을 해결하라! 직업 피와 관련된 직업 86

- 92 핏자국으로 범인을 찾는다 – 과학 수사대
- 94 혈액 질병을 정복하기 위해! – 혈액학자
- 95 피가 필요한 사람을 도와요 – 혈액 관리 기관
- 98 한 걸음 더 '조혈 모세포 은행'에는 조혈 모세포가 없다?!

- 100 워크북
- 110 정답 및 해설
- 112 찾아보기

등장인물

지호

올해 대학교에 입학한 신입생.
여덟 살 어린 동생 태윤이를 엄청 귀여워해요.
여행을 좋아하고 예술, 문학, 과학 등
다양한 분야에 관심이 많아요.
태윤이를 늘 데리고 다니며
이것저것 알려 주는 것을 좋아해요.

태윤

아르볼 초등학교 5학년.
겁이 많지만 호기심도 많아요.
궁금한 건 꼭 답을 찾고야 마는
탐구 소년이지요. 누나 말이라면
철석같이 믿고 따른답니다.

드라큘라 백작

겉으로는 무시무시해 보이지만 알고 보면
마음이 여려요. 다른 드라큘라와는 달리
사람과 어울리는 것을 좋아해요.
잘 때는 박쥐로 변신하고 가끔 마법도 부려요.

1화
드라큘라가 나타났다!
역사 피를 연구하다

- 옛날엔 피를 어떻게 생각했을까?
- 혈액 순환의 비밀을 알아내다!
- 핏속을 떠다니는 것들이 있어!
- 피에도 종류가 있다고?

한눈에 쏙 피를 연구하다
한 걸음 더 이발소 표시등의 유래

옛날엔 피를 어떻게 생각했을까?

"아이코, 열이 펄펄 나는군요. 피를 좀 빼야겠어요."

옛날 그리스 시대에 의사가 열이 나는 환자에게 한 말이에요.

"네? 피를 빼야 한다니요?"

"열이 나는 건 뜨거운 기운의 피가 너무 많아서랍니다. 피를 빼서 몸속에 있는 네 가지 액체의 균형을 맞춰야 해요."

4체액*설

피를 뺀다니, 이상한 치료법처럼 들리지요? 그러나 이것은 '의학의 아버지'라고 불리는 히포크라테스(기원전 460?~기원전 370?년)가 주장한 '4체액설'에 따른 치료법이랍니다. 4체액설은 우리 몸을 이루는 네 가지 액체가 균형을 이룰 때 건강하다는 이론이죠.

★ **체액** 동물 몸속에 있는 혈관이나 조직 사이를 채우고 있는 혈액, 림프, 뇌척수액 따위

네 가지 체액은 심장에서 나오는 피, 간에서 나오는 노란 담즙, 위에서 나오는 검은 담즙과 뇌에서 나오는 점액입니다. 피는 뜨겁고 점액은 축축하며, 노란 담즙은 건조하고 검은 담즙은 차가운 성질을 지녔어요. 네 가지 체액 가운데 하나라도 너무 많거나 모자라면 병이 생긴다고 여겼지요.

그래서 병이 생기면 부족해진 체액을 보충하는 음식을 먹게 하거나 너무 많아져서 균형이 깨진 체액을 뽑아냈어요. 몸에서 무엇인가를 뽑아내는 치료법을 '배출법'이라 하는데, 구토 또는 설사를 일으키는 약을 먹이거나 피를 뽑았지요.

병이 체액의 불균형 때문에 생기는 게 아니라고 밝혀지기 전까지 4체액설은 자그마치 1,500여 년 동안이나 이어졌어요. 그리고 피를 뽑아 환자를 치료하는 사혈법도 그만큼 인기를 끌었답니다.

혈액 순환의 비밀을 알아내다!

옛날부터 사람들은 피가 중요하다는 것은 잘 알고 있었어요. 하지만 피가 심장에서 뿜어져 나와 온몸을 돈다는 사실이 밝혀지기까지는 꽤 오랜 시간이 걸렸답니다.

갈레노스의 발견

옛날 로마 시대의 클라우디오스 갈레노스(129?~199?년)는 히포크라테스 이래 최고의 의사로 꼽히는 인물이에요. 어릴 때부터 과학과 철학, 의학 공부를 좋아한 그는 검투사들의 주치의로 의사 생활을 시작했지요. 검투사는 경기장에서 칼을 가지고 사람이나 동물 등과 싸우기 때문에 심하게 다치는 경우가 많아요. 다친 검투사들이 찾아오면 갈레노스는 상처를 치료하면서 피부밑 혈관이나 뼈 등을 관찰했지요. 그런데 실제로 본 혈관의 모습은 갈레노스가 알던 지식과는 많이 달랐답니다.

'이상하네…. 동맥은 공기가 지나가는 통로라고 배웠는데, 이 검투사의 동맥에서는 피가 흐르잖아!'

갈레노스는 심장과 피의 움직임을 더 많이 알고 싶었어요. 하지만 그 당시엔 죽은 사람의 몸을 해부하는 것은 그 사람을 모욕하는 일이라고 여겼기에, 갈레노스는 동물을 해부해서 사람의 몸속을 추측해 보는 수밖에 없었답니다.

피가 흐르는 동맥

오랫동안 연구를 거듭한 갈레노스는 드디어 자신의 이론을 사람들에게 알리기 시작했어요.

"동맥에는 공기만 있는 것이 아니에요. 심장에서 나오는 피로 가득 차 있어요!"

"아니, 그럴 리가! 동맥은 심장에서 나온 우리의 영혼이 지나가는 통로예요. 그 통로가 피로 가득 차 있다니 무슨 말도 안 되는 소리입니까!"

그 당시 사람들은 몸에서 제일 중요한 곳이 심장이며, 인간의 영혼과 신의 기운은 모두 심장에 있다고 생각했어요.

"그 말도 맞습니다. 우리의 영혼은 피와 함께 동맥을 지나갑니다! 또 여러분이 먹은 음식이 간에서 피로 만들어져요. 이 피는 심장의 오른쪽 방으로 들어가죠. 심장에서는 피의 일부를 폐에 보내요. 남은 피는 심장의 오른쪽 방에서 왼쪽 방으로 흘러 들어가고요."

동맥과 정맥

혈관에는 동맥과 정맥이 있어요. 동맥은 심장에서 나가는 피가 흐르는 혈관이고, 정맥은 심장으로 들어오는 피가 흐르는 혈관이지요. 동맥은 심장이 밀어내는 강한 힘을 견뎌야 해서 혈관 벽이 정맥보다 두껍고 매우 탄력 있어요. 보통 동맥은 피부 깊숙한 곳에 있지만, 정맥은 몸의 표면 쪽에 많이 퍼져 있어서 쉽게 관찰할 수 있지요. 손등이나 발등에서 푸르게 보이는 혈관이 바로 정맥이에요.

"심장에 방이 있다고요? 피가 어떻게 오른쪽 방에서 왼쪽 방으로 간단 말인가요?"

사람들은 갈레노스의 주장에 의아해했어요.

"심장의 오른쪽 방과 왼쪽 방 사이에는 조그만 구멍이 뚫려 있어요. 먼저 심장에 들어온 피는 뜨겁게 데워졌다가 폐에 들어온 신선한 공기와 우리의 영혼, 즉 생명의 기운을 만나 식어요. 그 뒤에 동맥을 통해 온몸으로 가게 되는 것이죠! 심장에서 동맥으로 나온 피는 손끝과 발끝에 이를 때까지 영양분으로 사용되다가 없어집니다."

'동맥에 피가 흐르고, 피는 심장에서 폐로 흐른다'는 갈레노스의 주장은 엄청난 발견이었어요. 그러나 '심장의 방 사이에 구멍이 있다', '간에서 피가 만들어진다', '몸속에서 피가 모두 사용된 뒤 사라진다'는 주장은 틀렸답니다.

하비, 갈레노스의 이론에 의심을 품다

모든 사람이 옳다고 생각하고 믿는 사실을 틀리다고 주장하는 일은 무척 어려워요. 자칫하면 괴짜 취급을 받거나 의심이 많은 사람이라 놀림받기도 해요. 하지만 영국의 의사 윌리엄 하비(1578~1657년)는 용기를 냈어요. 많은 동물을 해부하여 알아낸 사실을 다른 사람들도 알아야 한다고 생각했기 때문이지요.

하비는 돼지, 물고기, 뱀, 새우 등 여러 종류의 동물을 산 채로 해부해 심장을 관찰했어요. 그 결과 살아 있는 동물의 심장이 규칙적으로 쪼그라들었다(수축) 부풀었다(이완) 하면서 피가 심장에서 동맥을 따라 뿜어져 나온다는 사실을 알게 됐지요.

그런데 한 가지 이상한 점을 발견했어요. 갈레노스에 따르면 심장에서 동맥으로 보내는 피는 모두 간에서 만들어지는데, 그러기에는 하루에 만들어 내야 하는 피의 양이 너무 많았거든요.

'심장이 1분에 약 70번 수축하는데, 한 번 수축할 때마다 나오는 피의 양은 약 60그램. 그렇다면 1시간 동안 간이 만들어야 하는 피는 70×60×60이니까 약 250킬로그램이네. 우리가 먹는 음식만으로 간이 이렇게 많은 양의 피를 매일 만들어 낸다고? 그건 불가능해!'

혈액 순환설을 주장한 하비

하비는 피가 동맥을 통해 심장에서 몸 쪽으로 흘러가고, 다시 정맥을 통해 반대 방향인 몸 쪽에서 심장으로 흐르면서 우리 몸을 돈다는 사실을 밝혀냈어요. 이것을 혈액 순환설이라고 해요.

1628년에 하비가 연구 결과를 발표하자 의학계는 발칵 뒤집어졌어요. 하비의 혈액 순환

설은 그때까지 사람들이 믿던 갈레노스 이론과 반대되는 주장이었거든요. 갈레노스는 혈액은 간에서 만들어지고 몸속에서 다 쓰인 뒤 사라진다고 했으니까요.

"위대한 갈레노스 님의 이론을 뒤집다니, 말도 안 되는 소리야."

사람들이 비난하고 의심했지만 하비는 포기하지 않았어요.

"심장이 수축할 때 동맥으로 나온 피는 온몸을 돌다가 다시 정맥을 통해 심장으로 돌아갑니다! 피는 간에서 만들어지는 것도 몸속에서 사라지는 것도 아니에요. 심장에서 나왔다가 다시 심장으로 돌아가며 계속해서 우리 몸을 빙글빙글 돌고 있어요."

그러나 하비도 끝끝내 맞추지 못한 마지막 퍼즐 한 조각이 있었어요. 몸속에서 동맥과 정맥이 어떻게 연결되는지를 설명하지 못했거든요. 하비는 동맥과 정맥이 서로 만난다고 추측했는데, 그 당시 기술로는 만나는 지점을 볼 수가 없었지요.

말피기, 모세 혈관을 발견하다

 하비가 혈액 순환설을 발표한 지 30여 년이 지난 1661년, 마지막 퍼즐을 맞춘 과학자가 드디어 나타났어요. 이탈리아 해부학자 마르첼로 말피기(1628~1694년)였지요.

 말피기는 현미경을 이용해 개구리의 폐와 심장을 관찰했어요. 그는 개구리의 심장에서 나온 동맥이 점차 여러 갈래로 갈라지다가, 눈에 보이지 않을 만큼 가느다란 혈관이 되어 폐를 감싼다는 사실을 알아냈어요. 그물처럼 폐를 둘러싼 가느다란 혈관은 폐를 지나면서 다시 점점 두꺼워지고 합쳐져 정맥으로 연결되었지요. 이 가느다란 혈관이 정맥과 동맥을 이어 주는 열쇠인 셈이에요.

 말피기는 새롭게 발견한 혈관이 실험실에서 쓰는 모세관과 비슷하다고 해서 '모세 혈관'이라고 이름 붙였어요. 동맥과 정맥을 연결하는 모세 혈관의 발견으로 드디어 혈액 순환의 비밀이 모두 풀렸답니다.

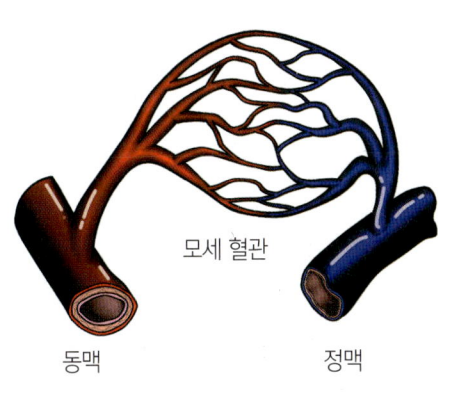

모세 혈관 / 동맥 / 정맥

★ **모세관** 털처럼 가느다란 관

핏속을 떠다니는 것들이 있어!

네덜란드의 안톤 판 레이우엔훅(1632~1723년)은 현미경을 이용해 최초로 미생물을 관찰한 사람이에요. 어느 날 레이우엔훅은 몸속의 피가 궁금했지요.

'작은 물방울 속에서 미생물을 발견한 것처럼, 핏방울 속에서도 무언가 발견할 수 있지 않을까?'

그는 바늘로 자기 손가락을 찔러 피를 낸 다음 현미경으로 자세히 들여다보았어요. 레이우엔훅은 핏속에서 무엇을 발견했을까요?

레이우엔훅의 현미경

빨간 알갱이, 적혈구를 발견

현미경으로 본 피는 예상과 전혀 달랐어요. 그저 붉은색 액체인 줄로만 알았는데, 사실은 맑고 투명한 액체 속에 동그랗고 빨간 도넛 모양의 무엇인가가 둥둥 떠다니고 있는 게 아니겠어요?

'이 빨간 알갱이들 때문에 피가 붉게 보이는 것이었어!'

레이우엔훅이 발견한 빨간 알갱이의 이름은 바로 '적혈구'였어요. 핏속 세상에 푹 빠진 레이우엔훅은 사

람과 동물의 피도 비교해 봤지요. 그 결과 몸집이 크든 작든 적혈구의 크기가 비슷하다는 점도 알아냈답니다.

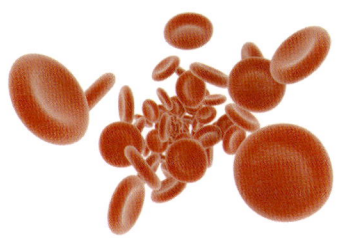

투명한 백혈구

하지만 레이우엔훅이 알아채지 못한 것도 있었어요. 핏속에 빨간 적혈구뿐만 아니라 투명한 '백혈구' 알갱이도 들어 있다는 사실 말이에요. 백혈구는 원래 색이 없지만, 파울 에를리히(1854~1915년)라는 독일의 의학자가 세균 염색법으로 혈액을 염색해서 옅은 분홍색을 띠는 백혈구를 현미경으로 관찰했답니다.

이후에도 많은 과학자들이 적혈구와 백혈구를 연구했어요. 눈에 보이지 않는 빨갛고 투명한 알갱이들이 우리 몸에서 얼마나 중요한 역할을 하는지, 아마 여러분도 알게 되면 깜짝 놀랄 거예요.

TIP 레이우엔훅이 옷감 장수라고?

레이우엔훅은 원래 과학자가 아니었어요. 그는 작은 마을의 옷감 장수였지요. 레이우엔훅은 포목점에서 일하면서 돋보기로 옷감이 잘 짜여 있는지, 작은 구멍은 없는지를 확인하곤 했는데 시간이 지날수록 성능이 더 좋은 확대경을 갖고 싶어졌어요.
'그까짓 거, 내가 만들면 되지!'
현미경 연구에 푹 빠진 레이우엔훅은 마침내 270배나 확대할 수 있는 엄청난 성능의 현미경을 발명해 냈지요. 그는 이 현미경을 이용해 녹조류, 해캄, 효모 등 다양한 미생물을 관찰하여 그림으로 남겼어요. 이 발견은 미생물 연구의 기초가 되었답니다.

피에도 종류가 있다고?

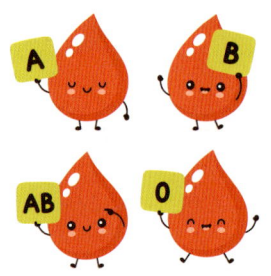

오래전 유럽에서는 아픈 사람에게 피를 넣어 병을 낫게 하는 방법을 사용했어요. 이것을 '수혈'이라 하는데, 오늘날에는 피가 모자란 환자에게 혈액을 주입하는 방법을 말합니다. 1667년 프랑스의 드니라는 의사가 처음으로 사람에게 양에서 뽑은 피를 넣어 병을 치료했지요. 하지만 이 성공은 우연이었을까요? 다른 의사들이 드니를 따라 똑같이 했으나 수혈받은 사람들은 모두 죽고 말았답니다. 그 뒤로 유럽의 나라에서는 동물 피를 사람에게 넣는 것을 금지했어요.

수혈은 약 150년 동안 금지되었습니다. 그러다 다시 수혈을 시도한 의사가 나왔어요. 1818년 영국의 의사 블룬델(1790~1878년)은 환자에게 동물 피가 아닌 건강한 사람의 피를 넣어 주면 괜찮을 거라 생각하고 수혈을 시도했지요. 하지만 사람의 피를 수혈해도 여전히 문제가 생겼어요. 운 좋게 병이 나은 환자도 있었지만, 여전히 많은 환자들이 목숨을 잃었답니다.

혈액형을 발견한 란트슈타이너

'왜 어떤 환자는 수혈받고 병이 낫는데, 어떤 환자는 죽는 걸까?'
오스트리아 출신의 과학자 카를 란트슈타이너(1868~1943년)도 수혈 방식에 관심을 두고 연구했어요.

그러던 어느 날, 란트슈타이너의 제자가 실수로 개의 피에 양의 피를 섞었어요.

"선생님, 정말 죄송합니다. 제가 실수로 그만……."

그런데 란트슈타이너는 잘못 섞인 피에서 신기한 점을 발견했어요. 개와 양의 피가 섞이자 적혈구가 깨지면서 피가 서로 엉기고 굳는 게 아니겠어요?

'수혈로 죽은 환자들도 이렇게 피가 엉기고 굳은 게 아닐까? 이유는 모르겠지만 서로 다른 피를 섞으면 적혈구가 깨져서 말이야. 그런데 왜 어떤 환자들은 죽고 어떤 환자들은 살았을까?'

"아! 바로 그거야! 모든 사람의 피가 서로 같은 게 아니야! 어떤 사람끼리는 같고 어떤 사람끼리는 다른데, 우연히 같은 피를 수혈받았을 때만 아무 문제가 없었던 거지."

란트슈타이너의 생각은 맞았어요. 그는 실험을 반복하여 어떤 혈액끼리는 섞일 때 피가 엉기고 뭉치지만, 어떤 혈액끼리는 엉김이 없다는 사실을 알아냈죠.

란트슈타이너는 사람의 피에 세 종류가 있다는 것을 발견하고, 각각 A형, B형, O형이라고 이름 붙였어요. 그리고 다음 해에 란트슈타이너의 제자가 AB형을 추가로 발견했지요. 혈액형의 발견은 많은 사람의 목숨을 구하는 데 큰 도움이 되었답니다.

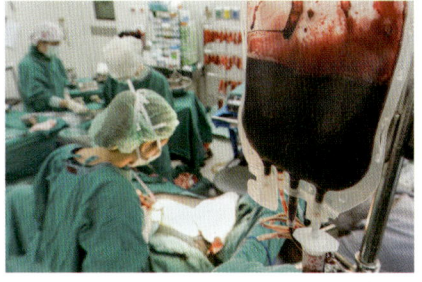

피를 연구하다

4체액설

- 4체액설 : 우리 몸을 이루는 네 가지 액체가 균형을 이룰 때 건강하다는 이론 ⋯▸ 네 가지 체액(피, 노란 담즙, 검은 담즙, 점액)의 불균형 때문에 병이 생긴다고 여김
- 의학의 아버지, 히포크라테스가 주장함
- 4체액설에 따라 피를 뽑아 환자를 치료하는 사혈법이 1,500년 넘게 인기를 끎

혈액 순환설

- 갈레노스 : 옛날 로마 시대 의사. 동맥에 피가 흐르고, 피가 심장에서 폐로 흐른다는 사실을 발견함
- 하비 : 심장이 수축할 때 동맥으로 나온 피가 온몸을 돌다가 다시 정맥을 통해 심장으로 돌아간다는 혈액 순환설을 주장함. 피가 간에서 만들어져 몸속에서 사라진다는 갈레노스의 주장이 틀렸다고 함
- 말피기 : 동맥과 정맥을 연결하는 모세 혈관을 발견하여 혈액 순환설을 완성함

현미경으로 피를 관찰

- 레이우엔훅 : 현미경을 이용해 최초로 미생물을 관찰함. 현미경으로 피를 관찰하다 빨간 알갱이인 적혈구를 발견함. 핏속에 투명한 백혈구가 있다는 사실은 알아채지 못함 ⋯⋅▶ 훗날 에를리히라는 독일 의학자가 세균 염색법으로 혈액을 염색해서 분홍색을 띠는 백혈구를 현미경으로 관찰함

혈액형의 발견

- 수혈 : 오래전에는 아픈 사람에게 피를 넣어 병을 낫게 하는 방법 ⋯⋅▶ 오늘날에는 피가 모자란 환자에게 혈액을 주입하는 방법
- 1667년 프랑스의 드니라는 의사가 처음으로 사람에게 양의 피를 수혈함. 다른 의사들도 따라 했지만 환자들이 계속 죽자, 동물 피를 사람에게 넣는 일을 유럽의 나라에서 금지함
- 1818년 영국의 의사 블룬델이 사람의 피를 환자에게 수혈함 ⋯⋅▶ 어떤 환자는 병이 나았지만 어떤 환자는 목숨을 잃음
- 란트슈타이너는 어떤 혈액끼리는 섞일 때 피가 엉기고 뭉치지만, 어떤 혈액끼리는 엉김이 없다는 사실을 발견함. 실험을 통해 사람의 피에 세 종류가 있다는 것을 밝혀내고, 각각 A형, B형, O형이라고 이름 붙임. AB형은 다음 해 란트슈타이너의 제자가 발견함 ⋯⋅▶ 혈액형의 발견으로 안전한 수혈이 가능해져 많은 사람이 목숨을 구함

한 걸음 더!

이발소 표시등의 유래

혹시 이게 뭔지 아나요? 이렇게 생긴 것을 어디서 봤을까요? 이발소라고요? 맞아요! 이발소 앞에 빨간색, 파란색, 흰색으로 된 길쭉한 원통 표시등이 빙글빙글 돌아가는 걸 본 적 있을 거예요.

그런데 이 표시등 색깔이 무엇을 나타낼까요? 그것은 바로 동맥(빨간색), 정맥(파란색), 붕대(하얀색)를 상징한답니다. 왜 이발소 표시등의 색이 동맥, 정맥, 붕대를 상징할까요?

이발사는 외과 의사?!

옛날에는 '피를 보는 일'을 신성하지 않은 일이라고 여겼어요. 그래서 피와 관련된 직업을 하찮게 보았지요. 심지어 약초로 사람을 치료하는 내과 치료만 의사의 진짜 역할이고, 상처가 난 곳을 치료하는 외과 수술은 의사의 일이 아니라고 생각했어요.

그럼 상처가 나서 수술이 필요한 환자는 누굴 찾아갔을까요? 의사 대신 이발사를 찾아갔답니다. 머리카락을 자를 때 사용하는 예리한 면도칼이 간단한 수술을 하거나 종기를 자르는 데 좋았기 때문이에요. 이발사는 이발, 면도는 물론이고 수술이나 해부, 때로는 치과 치료까지 했다고 합니다. 이러한 이발사를 두고 '이발 외과의'라고도 불렀지요.

이발소 표시등을 만든 이발사

이발소 표시등은 1540년경에 프랑스에서 이발사 겸 외과 의사로 활동했던 메나야킬이 만들었어요. 메나야킬은 수술이 필요한 응급 환자들이 이발소를 쉽게 찾을 수 있게 동맥, 정맥, 붕대를 뜻하는 세 가지 색을 원통에 칠해 이발소 앞에 걸어 두었지요. 이걸 본 주변 이발사들도 똑같은 표시등을 만들어 이발소 앞에 설치했어요.

1700년대까지도 외과학과 수술을 업신여기는 분위기는 계속 이어졌어요. 외과 의사들은 이발사와 한데 묶여 이발사 외과 의사 협회에 소속되었지요. 하지만 점차 사람들은 외과적 치료가 사람을 살리는 데 얼마나 중요한지 깨닫기 시작했어요. 외과 의사를 보는 사람들의 인식도 많이 달라졌지요.

1804년 프랑스의 장 바버라는 최초의 전문 이발사가 등장하면서 드디어 유럽에서는 이발사와 외과 의사가 분리되었어요. 하지만 이발소 표시등은 지금까지도 세 가지 색을 유지하며 계속해서 빙글빙글 돌아가고 있답니다.

2화
적혈구를 만나다!

개념 혈액 순환과 피의 성분

- 빙글빙글 도는 피 – 폐순환과 온몸순환
- 핏속을 들여다보다! – 피의 성분
- 피는 어디서 만들어질까?
- 내 혈액형을 맞혀 봐!

한눈에 쏙 혈액 순환과 피의 성분
한 걸음 더 혈액형이 변할까?

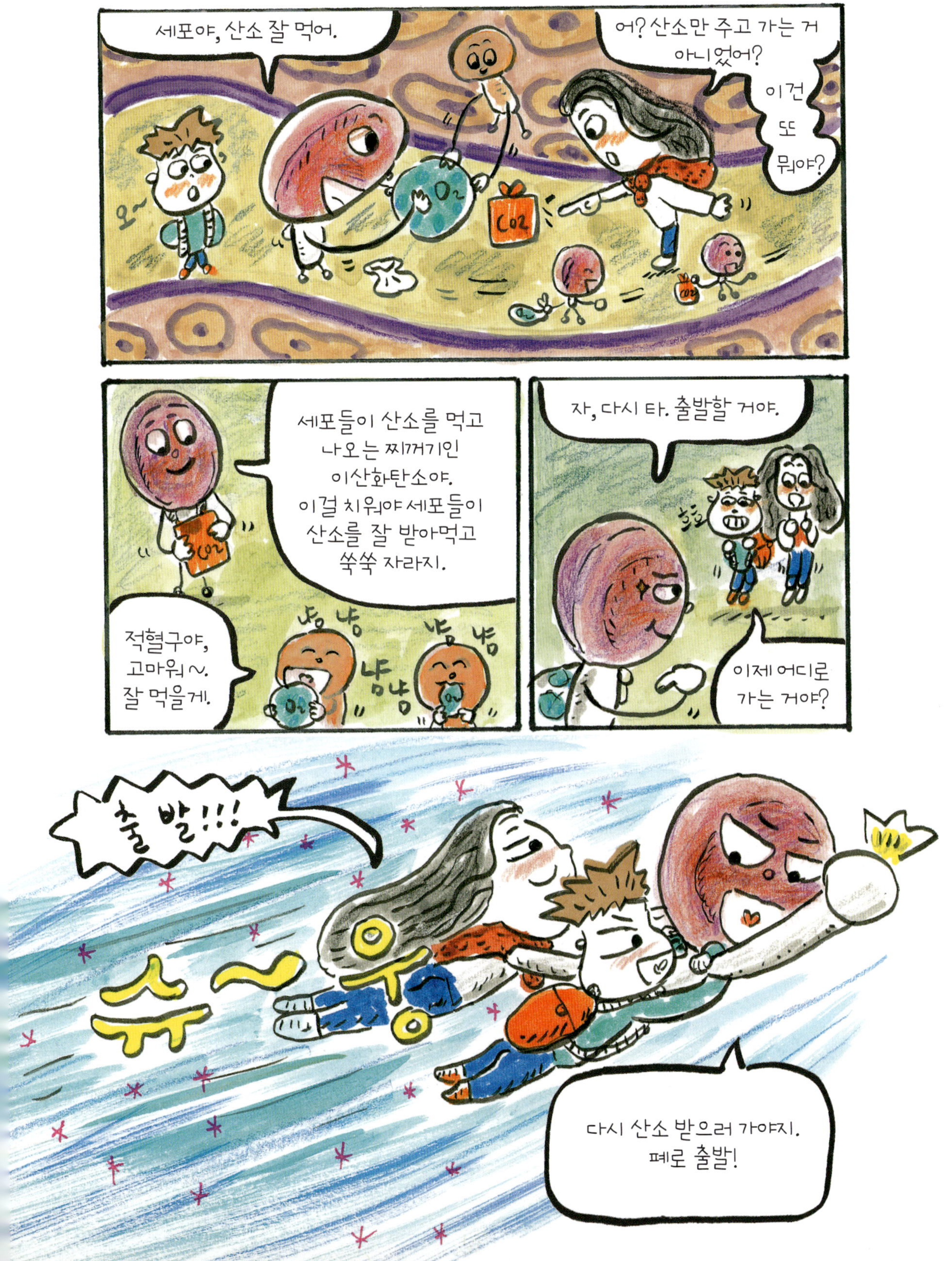

빙글빙글 도는 피 – 폐순환과 온몸순환

서울 지하철 2호선은 시작하는 역도 끝나는 역도 없이 철로를 따라 계속해서 돌아요. 그래서 지하철 2호선을 순환선이라고도 부르지요. 주기적으로 자꾸 되풀이해 도는 것을 순환이라고 하거든요. 우리 몸속에도 순환하는 것이 있어요. 바로 혈액이지요.

네 개의 방으로 이루어진 심장

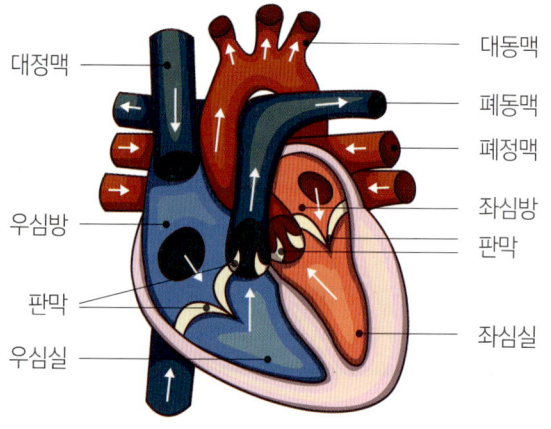

혈액이 우리 몸을 순환할 수 있는 것은 심장 덕분이에요. 사람의 심장에는 네 개의 방이 있어요. 위쪽 방 두 개는 심방이라 하고, 아래쪽 방 두 개는 심실이라고 하지요. 왼쪽에 좌심방과 좌심실, 오른쪽에 우심방과 우심실이 있어요. 여기서 말하는 왼쪽, 오른쪽은 심장이 몸속에 들어 있을 때의 방향이므로, 그림에서는 반대로 표시됩니다.

심장을 자세히 보면 심방과 심실 사이, 심실과 동맥 사이에 '판막'이라는 문이 있어요. 판막은 한쪽 방향으로만 열리기 때문에 혈액이 거꾸로 흐르는 것을 막는답니다.

심장과 폐 사이를 도는 폐순환

몸속에서 혈액이 순환하는 길은 크게 두 가지예요. 첫 번째는 심장과 폐 사이의 혈액 순환이지요. 피는 우심실에서 폐동맥을 타고 폐로 가서 폐를 감싼 모세 혈관을 지나며 신선한 산소를 받아요. 산소를 가득 담은 피는 폐정맥을 통해 좌심방으로 돌아오지요. 이렇게 혈액이 심장과 폐 사이를 빙글빙글 도는 것을 '폐순환'이라고 해요.

심장에서 온몸으로 도는 온몸순환

심장으로 돌아온 피는 이제 더 먼 여행을 떠나요. 폐에서 받은 산소를 가득 싣고 좌심실에서 대동맥을 통해 나오지요. 피는 머리끝부터 발끝까지 온몸을 구석구석 돌며 신선한 산소를 장기와 세포에 나눠 줘요. 그리고 세포들이 뱉어 낸 이산화탄소 찌꺼기들을 가지고 대정맥을 통해 우심방으로 돌아오지요. 심장에서 온몸으로 도는 혈액 순환을 '온몸순환'(또는 체순환)이라고 불러요.

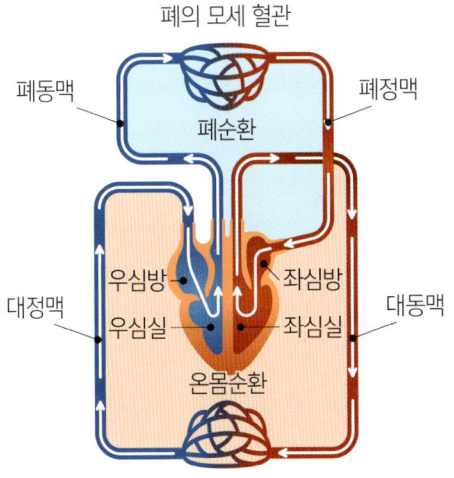

피는 심장이 수축할 때 동맥으로 나가고 이완할 때 정맥을 통해 심장으로 돌아와요. 한순간도 쉬지 않고 수축과 이완을 반복하는 심장 덕분에 혈액은 폐순환과 온몸순환의 고리를 따라 끊임없이 우리 몸을 돌지요.

핏속을 들여다보다! - 피의 성분

피는 어떤 성분으로 이루어져 있을까요? 겉으로 보기엔 그저 색깔만 빨간 물 같은데 말이죠. 피의 성분을 알아내는 방법이 있어요. 피가 든 시험관을 '원심 분리기'라는 장치에 넣고 돌리면, 무거운 것은 아래로 가라앉고 가벼운 것은 위로 떠오르면서 피를 이루는 물질이 분리되지요.

피의 액체 성분, 혈장

피를 이루는 물질은 액체 성분과 고체 성분으로 나눌 수 있어요. 위쪽에 뜬 노란 액체 성분을 '혈장'이라고 하는데, 피의 약 55퍼센트를 차지하지요. 혈장은 대부분 물로 이루어져 있고, 단백질과 지방, 당 등이 조금 섞여 있어요. 혈장은 영양소와 찌꺼기를 운반하고, 체온을 일정하게 유지해 줍니다.

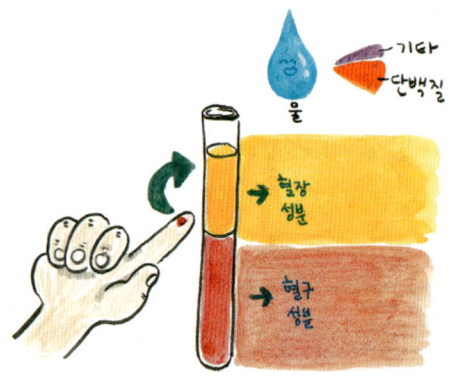

반대로 아래로 가라앉은 고체 성분은 '혈구'예요. 혈구에는 적혈구, 백혈구, 혈소판이 있어요. 혈구를 살펴보면 몸속에서 피가 얼마나 중요한지 알 수 있답니다.

적혈구 백혈구 혈소판

산소 배달부 적혈구

레이우엔훅이 현미경으로 찾아낸 핏속의 빨간 알갱이, 적혈구는 온몸

적혈구의 크기와 모양

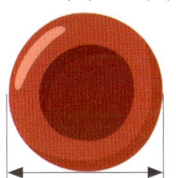

2~3마이크로미터

7~8마이크로미터

을 돌면서 어떤 일을 할까요? 적혈구의 가장 중요한 임무는 바로 폐로 들이마신 신선한 산소를 온몸 구석구석까지 전달해 주는 일!

적혈구는 가운데가 움푹 파인 동그란 원반 모양이에요. 두께가 약 2~3마이크로미터이고, 원반 모양의 가장 길쭉한 부분이 7~8마이크로미터 정도예요. 1마이크로미터는 1밀리미터를 천 개로 나누어야 할 만큼 정말 작은 알갱이랍니다! 적혈구는 70퍼센트가 물로 이루어져 있어 젤리처럼 말랑말랑해요. 그래서 얇은 모세 혈관도 쉽게 통과하지요.

적혈구의 30퍼센트는 헤모글로빈이에요. 헤모글로빈은 철분이 들어 있는 단백질인데, 이 철분 때문에 적혈구가 붉게 보이는 것이죠. 피의 색을 나타내는 성분이라고 해서 헤모글로빈을 '혈색소'라고 합니다.

적혈구가 온몸을 돌면서 산소를 받았다가 내려 줬다 할 수 있는 것은 바로 헤모글로빈 덕분이에요. 헤모글로빈에는 산소가 붙었다 떨어졌다

TIP

파란색 피가 있다고?

모든 동물에게는 피가 있어요. 그런데 다른 동물의 피도 사람처럼 빨간색일까요? 돼지, 소, 개, 고양이처럼 포유동물의 피는 모두 빨간색이에요. 포유동물의 피가 빨간 이유는 적혈구에 들어 있는 헤모글로빈의 철분 때문이지요. 헤모글로빈 속의 철 성분이 산소와 만나면 빨간색을 띠거든요.

그런데 오징어나 문어 같은 연체동물과 게나 새우 같은 절지동물의 피는 푸른색이에요. 이들의 피에는 헤모사이아닌이라는 물질이 있는데, 이 물질에는 구리 성분이 들어 있어서 산소와 결합하면 피가 푸른색을 띤답니다. 헤모사이아닌이 산소와 떨어지면 투명하게 보여요.

할 수 있는 부분이 있거든요. 산소를 잔뜩 머금은 헤모글로빈은 선명한 빨간색이었다가 산소를 전해 준 뒤에는 거무죽죽하고 진한 빨간색을 띠어요. 피의 색이 조금씩 다르게 보이는 이유가 헤모글로빈의 상태 때문이지요.

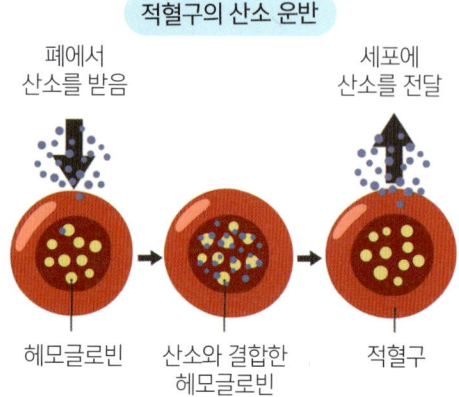

우리 몸속에서는 지금도 1초에 240만 개나 되는 적혈구가 쉴 새 없이 만들어져요. 또 적혈구 하나에는 2억 5천만 개가 넘는 헤모글로빈이 들어 있지요! 머리끝부터 발끝까지 몸의 모든 세포에 충분한 산소를 배달하려면 이렇게 많은 헤모글로빈이 필요해요.

우리 몸을 보호하는 백혈구

적혈구는 쌍둥이처럼 모두 같은 모습인데 비해 백혈구는 다양한 이름과 모습을 지니고 있어요. 백혈구는 서로 다른 모습인 만큼 하는 역할도 조금씩 다르지요.

가장 많은 숫자를 차지하는 백혈구는 **호중성백혈구**예요. 호중성백혈구는 핏속 백혈구의 60~70퍼센트로, 세균이 우리 몸에 침입하면 제일 먼저 달려가 먹어 치우는 능력을 지녔지요. 호중성백혈구는 먹어 치울 세균이 잔뜩 있는 상처 난 부분을 제일 좋아한답니다. 세균과 싸우다 죽은 호중성백혈구가 쌓인 것이 바로 고름이에요. 이렇게 우리 몸이 외부의 침입자로부터 스스로 보호하는 능력을 '면역'이라고 해요.

호중성백혈구 다음으로 많은 백혈구는 **림프구**예요. 림프구는 호중성백혈구보다 조금 더 똑똑한 면역 세포지요. 몸속에 침입자가 들어오면 물리치기만 하는 것이 아니라, 침입자의 모습이나 특징을 기억해요. 그 침입자가 몸속에 다시 들어오면 더 쉽고 빠르게 없앤답니다. 림프구는 온몸을 돌면서 몸속에 병을 일으킬 만한 수상한 침입자가 없는지 순찰하지요.

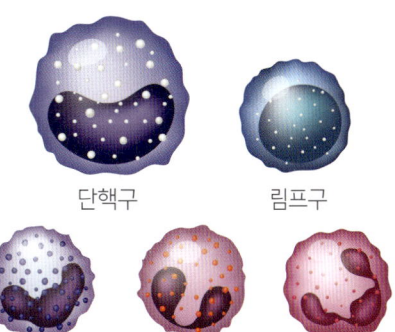

단핵구   림프구

호염기성백혈구   호산성백혈구   호중성백혈구

백혈구 가운데 면역 작용을 담당하는 친구가 또 있어요. 덩치가 제일 큰 **단핵구**예요. 단핵구는 병균이 몸에 들어오면 대식 세포로 변해요. 대식 세포는 외부에서 들어온 세균이나 이물질뿐만 아니라, 노화되어 기능을 잃어버린 적혈구나 암세포처럼 정상이 아닌 세포들도 잡아먹지요. 대식 세포는 몸속의 청소부랍니다.

그 밖에 **호산성백혈구**, **호염기성백혈구**는 알레르기 반응을 일으켜 우리 몸에 외부 물질이 들어왔다는 신호를 보내는 역할을 해요. 이렇게 백혈구는 모습은 조금씩 다르지만 각자의 자리에서 우리 몸을 지켜 주는 방패막이 역할을 한답니다.

피를 멎게 하는 혈소판

혈소판은 혈구 가운데 크기가 가장 작고, 수명도 10일 정도로 짧아요. 모양도 일정하지 않지요. 하지만 혈소판은 상처가 났을 때 피를 멎게 하는 중요한 일을 합니다.

상처가 나면 혈관이 상해서 피가 밖으로 나와요. 피가 흘러나오면, 상처가 난 혈관 벽에 혈소판이 몰려들어 덩어리를 이루고 굳기 시작하지요. 상처에 피딱지가 앉은 걸 본 적 있죠? 그게 바로 혈소판 덕분에 피가 굳은 거랍니다.

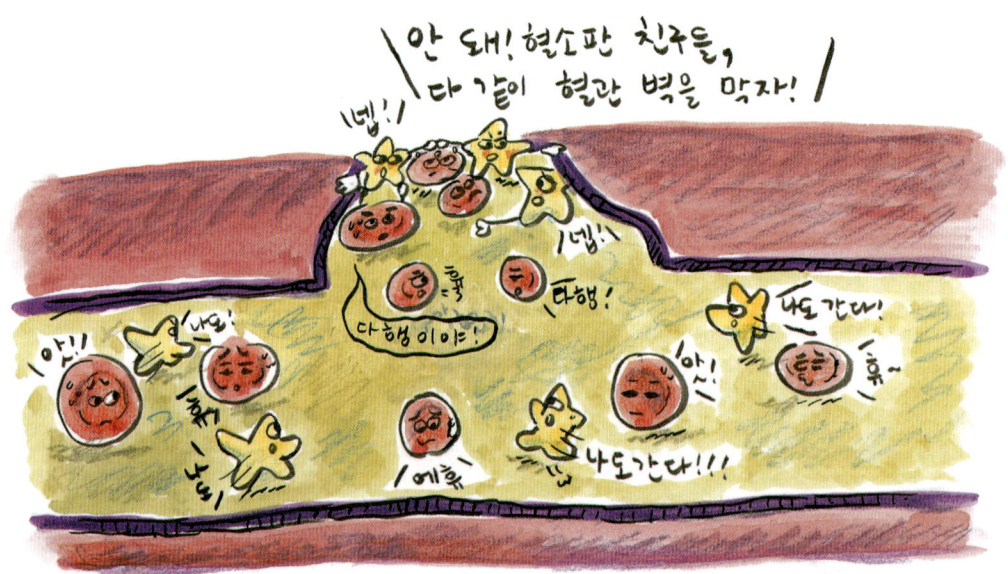

피는 어디서 만들어질까?

피는 어디서 만들어질까요? 피가 태어난 고향을 찾기 위해서는 뼛속으로 가야 해요. 뼈는 겉으로 보기에는 아주 딱딱하지만 안쪽은 '골수'라는 말랑말랑한 조직으로 이루어졌어요. 바로 이 골수가 비밀의 열쇠랍니다!

피를 만드는 엄마 세포, 조혈 모세포

골수 안에는 '피를 만드는 엄마 세포'라는 뜻의 조혈 모세포가 잔뜩 들었어요. 조혈 모세포는 핏속의 모든 성분을 만들어 내는 세포지요. 백혈구와 적혈구도 바로 조혈 모세포에서 만들어져요. 조혈 모세포는 하루에 자그마치 5,000억 개의 혈액 세포를 만들어 낸다고 합니다.

피를 뽑아도 우리 몸에 새로운 피가 만들어지는 이유는 조혈 모세포가 혈액 세포들을 계속 만들기 때문이에요. 조혈 모세포는 생명의 뿌리가 되는 혈액과 면역 체계를 지키는 데 절대적인 존재입니다.

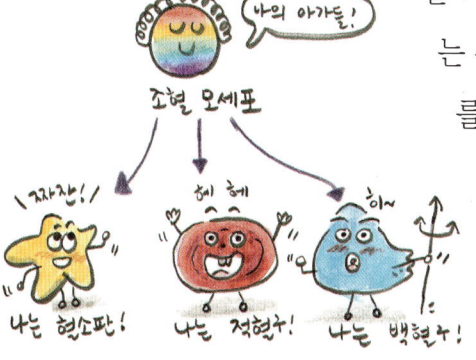

피가 생기는 과정

내 혈액형을 맞혀 봐!

여러분은 무슨 혈액형인가요? A형이라고요? 아니, B형이라고요? 사람의 혈액형을 나누는 방법에는 여러 가지가 있어요. 그중에서 가장 많이 쓰이는 것이 A형, B형, O형, AB형으로 나누는 방식이에요. 겉으로는 피가 다 똑같아 보이는데, 어떻게 구분할까요?

혈액형 구분의 비밀은 적혈구

정답은 바로 적혈구에 있어요. 적혈구는 표면이 매끈해 보이지만 실제로는 설탕과 비슷한 당분들이 사슬처럼 붙어 있지요. 이것을 '당단백질'이라고 하는데, 적혈구에는 두 종류의 당단백질이 있어요.

란트슈타이너는 혈액형이 A형인 사람의 적혈구에 나타나는 당단백질을 A형 단백질, B형에 나타나는 당단백질을 B형 단백질이라고 했어요. 그런데 어떤 적혈구에서는 A형과 B형 단백질이 모두 발견되기도 했지요. 이런 사람은 혈액형이 AB형입니다. 반대로 적혈구에 단백질이 없는 경우엔 O형이에요.

B형의 몸에 A형 피가 들어온다면?

만약 B형인 사람의 몸속에 갑자기 A형의 피가 들어온다면 B형의 몸속에서는 이런 일이 일어날지도 몰라요.

"어라, 이게 뭐지? 우리 주인님 적혈구와 다른 놈들을 발견했다! 적이다! 항체들아 모여! 모두 공격하자!"

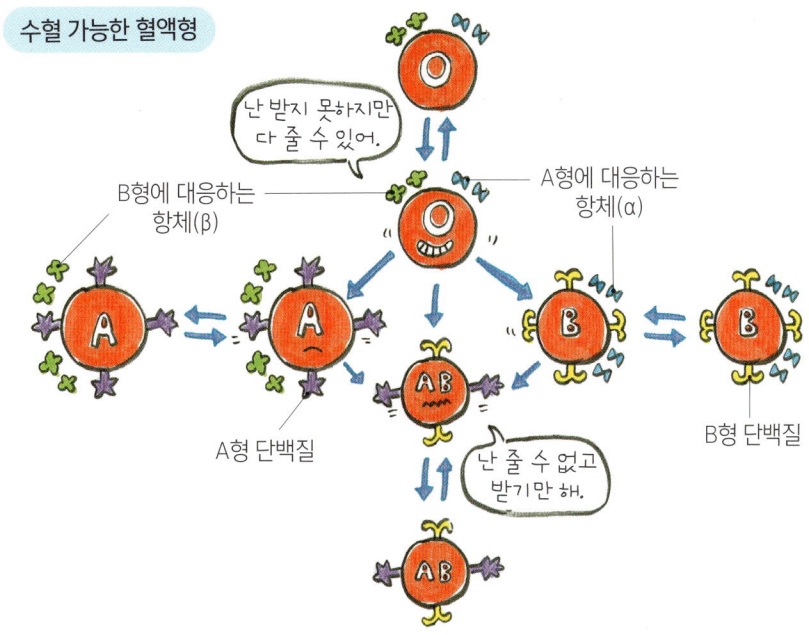

외부에서 들어온 침입자를 '항원', 항원을 공격하는 면역 물질을 '항체'라고 불러요. 핏속을 떠다니던 항체들은 외부에서 들어온 적혈구의 당단백질을 침입자인 항원으로 여겨요. 원래 내 몸에 있던 적혈구는 공격하지 않고 다른 모습의 적혈구만 공격하는 것이지요.

항체는 저마다 짝이 있어서 특정한 항원을 기억했다가 그 항원을 만나면 공격해요. A형의 피에는 B형에 대응하는 항체 β가, B형에는 A형에 대응하는 항체 α가 있지요. A형과 B형의 피가 섞이면 서로를 공격해, 적혈구가 파괴되고 피가 굳는 현상이 일어납니다. 그래서 A형과 B형은 서로에게 피를 줄 수 없어요. 반면에 O형은 적혈구 표면에 A형이나 B형의 단백질(항원)이 없기 때문에 모든 혈액형의 사람에게 수혈이 가능해요. 하지만 O형이라도 자신과는 다른 혈액형의 사람에게는 적은 양만 수혈할 수 있어요.

한눈에 쏙!

혈액 순환과 피의 성분

심장과 혈액 순환
- 심장 : 좌심방과 좌심실, 우심방과 우심실이라는 네 개의 방이 있음. 심방과 심실 사이, 심실과 동맥 사이에 있는 판막이 피가 거꾸로 흐르지 못하게 함
- 폐순환 : 심장과 폐 사이의 혈액 순환
- 온몸순환(체순환) : 심장에서 온몸으로 도는 혈액 순환

(폐순환) 우심실 → 폐동맥 → 폐의 모세 혈관 → 폐정맥 → 좌심방

(온몸순환) 우심방 ← 대정맥 ← 온몸의 모세 혈관 ← 대동맥 ← 좌심실

피의 성분
- 피의 액체 성분을 혈장, 고체 성분을 혈구라고 함. 혈구에는 적혈구, 백혈구, 혈소판이 있음
- 적혈구 : 둥근 원반 모양으로 산소를 온몸에 전달함. 적혈구의 70퍼센트는 물이고, 30퍼센트는 헤모글로빈 → 헤모글로빈은 철분이 들어 있는 단백질. 피의 색을 나타내는 성분이라고 해서 혈색소라고도 불림. 헤모글로빈 덕분에 적혈구가 산소를 주고받을 수 있음
- 백혈구 : 우리 몸을 지키는 역할을 함. 백혈구에는 호중성백혈구, 림프구, 단핵구, 호산성백혈구, 호염기성백혈구가 있음

- 호중성백혈구 : 가장 많은 백혈구. 몸에 침입한 세균을 제일 먼저 먹어 치움
- 림프구 : 똑똑한 면역 세포로, 침입자의 모습이나 특징을 기억했다가 그 침입자가 다시 몸속에 들어오면 더 쉽고 빠르게 없앰
- 단핵구(대식 세포) : 세균이나 이물질뿐만 아니라 정상이 아닌 세포들도 잡아먹음
- 호산성백혈구와 호염기성백혈구 : 알레르기 반응을 일으켜 우리 몸에 외부 물질이 들어왔다는 신호를 보냄
* 혈소판 : 혈구 가운데 크기가 가장 작음. 상처가 났을 때 피를 멎게 함

피를 만드는 조혈 모세포
* 피의 고향은 뼛속의 골수 ⋯› 골수에는 '피를 만드는 엄마 세포'라는 뜻의 조혈 모세포가 있음 ⋯› 조혈 모세포에서 혈액 세포를 만듦

ABO식 혈액형

	A형	B형	O형	AB형
항원	A	B	없음	A, B
항체	β	α	α, β	없음

혈액형이 변할까?

혈액형은 결코 변하지 않습니다만, 한 가지 특별한 예외가 있어요. 혈액형이 다른 골수를 이식받으면 골수를 준 사람의 혈액형으로 바뀌지요. 예를 들어 A형에게 B형 골수를 이식하면 나중에 혈액형도 A형에서 B형으로 바뀌어요. 골수 이식이란 건강한 골수에서 얻은 조혈 모세포를 환자의 몸속에 넣는 치료법을 말해요. 이렇게 아주 특별한 경우가 아니라면 혈액형은 원칙적으로 일생 동안 변하지 않는답니다.

Rh식 혈액형

혈액형을 분류하는 방법에는 여러 가지가 있어요. 그 가운데 사람들에게 가장 널리 알려진 것이 ABO식 혈액형과 Rh식 혈액형이에요.
Rh식 혈액형은 Rh 항원이 있으면 Rh⁺형(양성형), 없으면 Rh⁻형(음성형)이라고 불러요. Rh식 혈액형은 1940년에 란트슈타이너와 그의 제자가 발견하였지요.

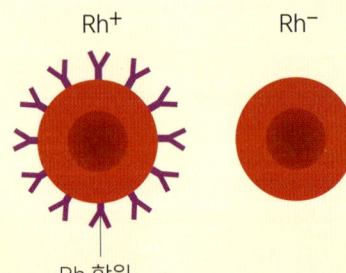

Rh식 혈액형도 ABO식 혈액형처럼 항원 항체 반응을 하는 혈액형이에요. 그래서 수혈하기 전에는 반드시 ABO식 혈액형과 Rh식 혈액형, 이 두 가지 혈액형에 대한 검사를 해야 하죠. 잘못 수혈하면 항원 항체 반응으로 피가 굳어 위험하기 때문이에요.

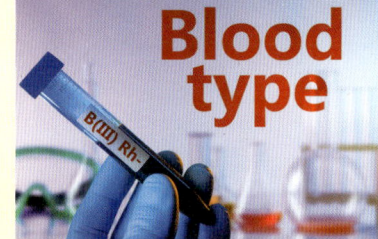

서양에서는 전체 인구의 20퍼센트 정도가 Rh-형이지만, 우리나라에서는 1,000명 가운데 1~3명 정도로 아주 드문 혈액형이랍니다. 그래서 Rh-형 사람들은 서로 연락할 수 있도록 모임을 만들어 활동한다고 하죠.

Rh-형의 여성은 임신과 출산을 할 때 꼭 알아야 할 점이 있어요. Rh-형인 엄마가 Rh+형인 첫째 아이를 가지면, 아이를 출산할 때 엄마와 아이의 피가 섞이면서 엄마 몸에 Rh+형에 대응하는 항체가 생겨요. 첫째 아이를 출산하는 데는 문제가 없지만, 두 번째 아이부터는 조심해야 하죠. 엄마의 몸속에 생긴 Rh+형 항체가 Rh+형인 아기의 적혈구를 공격할 수 있기 때문이에요. 따라서 이를 막는 치료를 미리 받아야 한답니다.

- 내 몸에 피가 모자라! 빈혈
- 피가 잘 멈추지 않는 병
- 백혈구에 생긴 암, 백혈병
- 후천성 면역 결핍증, 에이즈

한눈에 쏙 피와 관련된 병
한 걸음 더 맑고 깨끗한 피 Yes, 끈적끈적한 피 No!

내 몸에 피가 모자라! 빈혈

피가 보통 사람보다 부족한 병을 빈혈이라고 해요. 좀 더 자세히 말하면 핏속에 들어 있는 적혈구 또는 헤모글로빈이 정상보다 적은 상태를 뜻하지요.

모자랄 빈 피 혈

재생 불량성 빈혈

몸속에 적혈구가 모자라면 적혈구가 나르는 산소의 양도 부족해요. 온몸에 산소가 제대로 공급되지 못하면 머리가 아프고 어지러우며 기운이 없어집니다. 빨간색을 띠는 적혈구가 줄어들어 얼굴색이 핏기 없이 창백해 보이기도 해요.

그런데 왜 적혈구 양이 줄어들까요? 골수에서 만들어진 적혈구는 몸속에서 120일가량 열심히 일하다 제 기능을 다하면 파괴돼요. 만들어지고 사라지는 속도가 비슷할 때는 알맞은 양의 적혈구가 몸속에 존재해요. 그러나 필요한 양만큼 만들어지지 못하거나 120일이라는 수명을 다하지 못하고 일찍 파괴되는 적혈구가 많아지면 몸속에 적혈구가 부족해지죠. 적혈구를 제대로

만들어 내지 못하는 데는 다양한 이유가 있어요. 먼저 골수에 병이 생겨서 적혈구뿐만 아니라 백혈구, 혈소판이 줄어드는 경우가 있어요. 이때 생기는 빈혈을 '재생 불량성 빈혈'이라고 해요. 재생 불량성 빈혈은 위험한 화학 약품이나 방사선에 많이 노출되거나 면역과 관련된 질병에 걸렸을 때 생겨요. 하지만 대부분은 그 원인을 알지 못한답니다.

철 결핍성 빈혈

골수에 문제가 없지만 적혈구를 만드는 데 필요한 영양 성분이 부족하면 빈혈이 생겨요. 적혈구의 헤모글로빈에는 철분이 들어 있는데, 철분이 부족할 때도 적혈구를 제대로 만들 수가 없어요. 이것을 '철 결핍성 빈혈'이라 하지요. 빈혈이 생기는 가장 큰 원인이기도 해요.

또한 조혈 모세포가 건강한 적혈구를 만드는 데 도움을 주는 비타민B_{12}나 엽산 같은 영양소가 부족할 때도 빈혈이 생겨요. 건강한 적혈구를 만들기 위해서는 철분, 비타민 등 다양한 영양소가 들어 있는 음식을 골고루 먹는 것이 중요해요.

 피가 잘 멈추지 않는 병

"으앗!"

신나게 공을 차며 달리다 그만 넘어졌어요. 한쪽 무릎이 까져 피가 나고 말았지요. 하지만 피가 난 곳을 잘 소독한 뒤 약을 바르면 피가 멈춰서 딱지가 앉고 며칠 뒤엔 상처가 나을 거예요. 이처럼 피가 나도 곧 멈추는 것은 혈소판 덕분입니다.

혈소판이 모자라! 혈소판 감소증

원래 혈관 속의 피는 액체 상태로 온몸을 잘 흐를 수 있어야 하지만 상처가 났을 때는 달라요. 상처 주변의 피가 굳어서 상처 난 혈관의 구멍을 얼른 막아야 하지요. 피가 너무 많이 흘러나오지 않도록 말이에요. 피가 나면 상처 난 혈관 벽에 혈소판이 몰려들어 피를 멈추게 합니다. 그래서 몸속에 혈소판이 모자라는 혈소판 감소증에 걸리면, 코피가 잘 멈추지 않거나 멍이 쉽게 들지요.

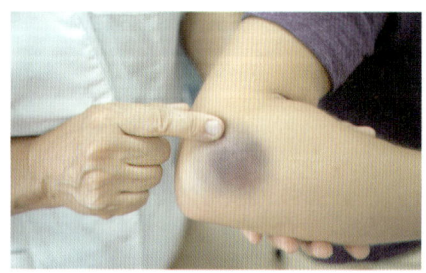

피가 굳는 과정에는 혈소판 말고도 여러 물질이 같이 작용해요. 피를 굳게 하는 이런 물질을 '혈액 응고 인자'라고 하지요. 다친 혈관 벽에 혈소판이 모여들기 시작하면 이것을 신호로 혈액 응고 인자도 피가 굳도록 도와요. 혈소판과 함께 혈액 응고 인자가 제 역할을 해야만 상처가 나도 피가 금방 멈출 수 있답니다.

혈액 응고 인자가 부족한 혈우병

그런데 태어날 때부터 혈액 응고 인자가 부족해 피가 잘 멈추지 않는 유전병도 있어요. '혈우병'이지요. 혈우병 환자들은 작은 상처에도 많은 양의 피를 흘려서 목숨까지 위험해질 수 있어요. 혈우병 환자는 부족한 혈액 응고 인자를 주기적으로 수혈받아야 해요.

혈우병이 유명해진 것은 영국의 빅토리아 여왕과 그 자손 때문이에요. 빅토리아 여왕은 혈우병 보인자*였는데, 그의 자손들이 유럽의 여러 왕족과 결혼하면서 혈우병이 퍼졌거든요.

★ **보인자** 유전병이 겉으로 드러나지 않고 그 유전자만을 가지고 있는 사람. 그 사람의 후대에 유전병이 나타날 수 있다.

피를 많이 흘리면 위험한 이유는?! TIP

피는 몸무게의 7~8퍼센트 정도를 차지하므로 건강한 성인이라면 약 4~6리터의 혈액을 지니고 있어요. 이 가운데 5분의 1 이상을 잃으면 생명이 위험해지죠. 그렇다면 왜 피를 많이 흘리면 목숨을 잃을까요? 그 답은 피가 하는 일에서 찾을 수 있습니다. 피는 여러 가지 일을 하는데, 그 가운데 가장 중요한 것이 바로 산소 전달이에요. 피를 많이 흘리면 온몸에 산소가 전달되지 못해서 결국 세포는 산소 부족으로 죽음을 맞이하지요.

백혈구에 생긴 암, 백혈병

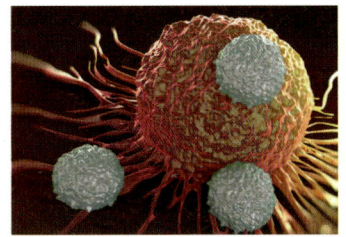

이름만 들어도 무시무시한 암. 암세포는 정상 세포에 이상이 생겨 계속해서 분열하며 자라는 세포예요. 코를 만드는 세포는 코만 만들고 장을 만드는 세포는 장만 만든 다음 더 이상 자라지 않지만, 암세포는 계속 분열하여 자랍니다.

암세포가 위험한 이유는 계속 자라면서 다른 중요한 장기에 달라붙거나 침입해 그 장기마저 제 기능을 못하게 만들기 때문이에요. 중요한 장기가 제 기능을 못하면 목숨을 잃을 수도 있지요.

비정상적인 백혈구가 엄청나게 불어나요!

이렇게 장기에 붙어 덩어리를 만들며 자라는 암세포와 달리, 몸속을 흘러 다니는 암세포도 있어요. 바로 혈액 세포나 림프계에 생기는 암인데, 이것을 혈액암이라고 하지요. 백혈병도 혈액암의 일종이에요.

백혈병은 골수에서 비정상적인 백혈구의 수가 엄청나게 불어나는 병이에요. 비정상적인 백혈구가 많아지면서 정상적인 적혈구, 백혈구, 혈소판이 생기는 것도 방해하지요. 골수에서 혈액 세포를 정상적으로 만들지 못하기에 백혈병 환자에게는 빈혈, 출혈, 감염 같은 여러 증상이 나타납니다.

비정상적인 백혈구들은 이물질 대신 정상적인 조직을 공격하는 이상 반응을 나타냅니다. 또한 혈액을 타고 온몸으로 퍼져 나가기 때문에 반드시 빠른 치료가 필요해요.

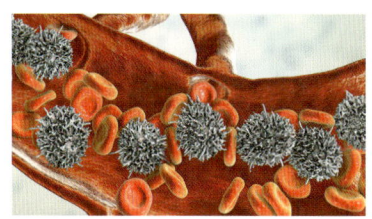

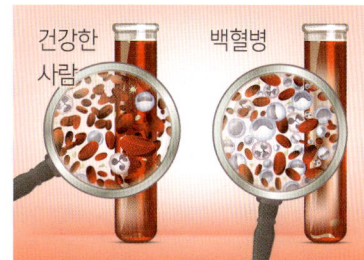

백혈병은 불치병이 아니다?!

백혈병은 1846년에 독일의 유명한 의학자이자 의사인 루돌프 피르호(1821~1902년)가 발견했어요. 피르호는 죽은 환자의 피가 붉은색이 아닌 흰색에 가까워서 백혈병이라는 이름을 붙였지요.

백혈병은 병이 진행되는 속도에 따라 급성과 만성, 발생 위치에 따라 골수성과 림프구성으로 나뉘어요. 이러한 기준에 따라 백혈병은 4가지(급성 골수성, 급성 림프구성, 만성 골수성, 만성 림프구성)로 분류해요. 이 가운데 급성 림프구성 백혈병은 어린이에게, 급성 골수성 백혈병은 어

TIP

항암제의 **부작용**

암세포는 다른 세포보다 빨리 자란다는 특성이 있어요. 그래서 항암제는 빨리 자라는 세포를 찾아서 없애는 방법으로 암세포를 없애지요. 하지만 머리카락처럼 빨리 자라는 세포에도 영향을 주기 때문에 항암제 치료를 받을 때 머리카락이 빠지는 부작용이 생기기도 해요. 최근에는 정상 세포에는 나쁜 영향을 주지 않고 암세포만 찾아서 죽이는 항암제를 개발하는 연구가 활발히 이루어지고 있습니다.

른에게서 많이 나타납니다. 급성 백혈병은 말 그대로 병이 매우 빠르게 진행되는 백혈병이에요. 그래서 검진에서 미리 발견되는 경우가 드물어요. 백혈병을 불치병으로 알고 있는 사람이 많지만, 백혈병은 완치가 가능한 병이랍니다.

백혈병 치료는 어떻게 할까?

장기에 생긴 덩어리 암은 수술로 암세포가 생긴 부위를 떼어 낼 수 있지만, 혈액을 타고 흐르는 암세포는 수술로 떼어 낼 수가 없어요. 백혈병을 치료하기 위해서는 우선 혈액 속의 암세포들을 항암제나 방사선 치료로 죽여요.

移 옮길 이   植 심을 식

하지만 골수에서 비정상적인 백혈구를 계속 만들어 낸다면 큰일이겠지요? 그래서 건강한 조혈 모세포를 몸속에 이식해 준답니다. 건강한 골수에서 얻은 조혈 모세포를 환자의 몸속에 넣는 치료법을 '골수 이식' 또는 '조혈 모세포 이식'이라고 하는데, 이식된 조혈 모세포가 몸속에 자리 잡으면 건강한 혈액 세포가 만들어져요.

후천성 면역 결핍증, 에이즈

우리 몸의 면역 체계가 제대로 작동하지 않는다면 어떤 일이 벌어질까요? 면역력이 떨어지면 감기에 걸리고, 입술 주변에 물집이 생기고, 다른 친구들은 멀쩡한데 나만 배탈이 나기도 해요. 우리 몸은 건강할 때는 어느 정도의 세균을 스스로 물리칠 수 있지만, 면역력이 약해지면 세균의 침입에 당하고 말거든요.

백혈구를 공격하는 바이러스

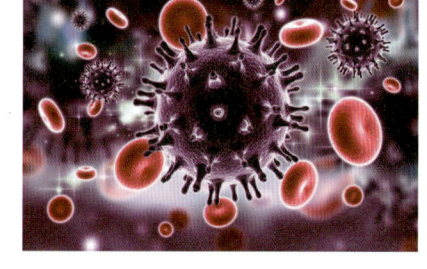

면역 기능에 가장 큰 역할을 하는 것은 백혈구예요. 몸속에 세균이나 바이러스가 들어오면 백혈구가 늘어나 이 물질을 물리치죠.

그런데 이런 백혈구를 공격하는 바이러스가 있어요. 바로 '사람 면역 결핍 바이러스(HIV)'랍니다. 이 바이러스는 백혈구를 공격해 우리 몸의 면역력을 떨어뜨려요. 백혈구가 기능을 잃으면 우리 몸의 면역 체계는 심각한 위험에 빠지고 말지요.

HIV에 감염된 병이 후천성 면역 결핍증인 에이즈(AIDS)예요. 에이즈에 걸린 환자는 면역 체계가 망가져 가벼운 감기로도 목숨을 잃을 수 있답니다. 에이즈는 에이즈에 걸린 사람과 혈액이나 정액 같은 체액이 섞일 정도로 아주 가깝게 접촉했을때 전염돼요. 약을 꾸준히 먹으면 일상생활을 할 수 있지만 아직 완치는 안 되는 병이에요.

한눈에 쏙!

피와 관련된 병

빈혈
- 피가 부족한 병. 적혈구 또는 헤모글로빈이 정상보다 낮은 상태. 적혈구가 나르는 산소의 양이 부족해져 머리가 아프고 어지러우며 기운이 없음. 얼굴색이 핏기 없이 창백해짐
- 골수에서 만들어진 적혈구는 120일가량 일하다 기능을 다하면 파괴됨. 만들어지고 사라지는 속도가 비슷할 때는 알맞은 양의 적혈구가 존재함 … 적혈구가 필요한 양만큼 만들어지지 못하거나 일찍 파괴되는 적혈구가 많아지면 빈혈이 생김
- 재생 불량성 빈혈 : 골수에 병이 생겨서 적혈구, 백혈구, 혈소판이 줄어듦
- 철 결핍성 빈혈 : 골수에는 문제가 없지만, 철분이 부족해서 적혈구를 제대로 만들 수 없는 병. 빈혈의 가장 큰 원인

혈우병
- 상처가 나서 피가 흐르면 혈소판이 혈관 벽에 몰려듦 … 혈소판이 모여들면 피를 굳게 하는 물질인 혈액 응고 인자도 함께 작용함
- 혈우병 : 태어날 때부터 혈액 응고 인자가 부족해 피가 잘 멈추지 않는 유전병

백혈병

- 암세포 : 정상 세포에 이상이 생겨 계속해서 분열하며 자라는 세포. 다른 중요한 장기에 침입해 그 장기가 제 기능을 못하게 만듦
- 백혈병 : 골수에서 비정상적인 백혈구가 엄청나게 불어나는 병. 혈액 세포나 림프계에 생기는 혈액암의 일종
  - 증상 : 빈혈, 출혈, 감염이 나타남. 비정상적인 백혈구가 정상적인 조직을 공격하는 이상 반응을 나타냄. 혈액을 타고 온몸으로 퍼져 나갈 수 있음
  - 치료법 : 혈액 속의 암세포들을 항암제나 방사선 치료로 죽임 ⋯→ 건강한 조혈 모세포를 몸속에 넣는 이식을 함

후천성 면역 결핍증, 에이즈

- 사람 면역 결핍 바이러스(HIV) : 백혈구를 공격해 우리 몸의 면역력을 떨어뜨리는 바이러스
- 에이즈 : 사람 면역 결핍 바이러스에 감염된 병. 후천성 면역 결핍증이라고도 불림. 에이즈에 걸리면 가벼운 감기로도 목숨을 잃을 수 있음

맑고 깨끗한 피 Yes, 끈적끈적한 피 No!

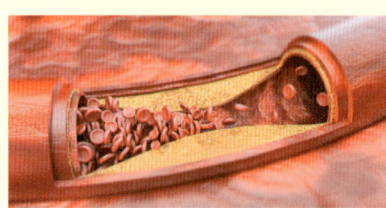

건강하지 않은 피는 탁하고 끈적끈적해서 혈관을 느릿느릿 흐르다가 뭉쳐져 덩어리를 만들기도 해요. 혈관 속에서 굳어진 핏덩어리를 '혈전'이라 하는데, 혈전 덩어리가 쌓이면 혈관이 좁아져 피가 흐르지 못하지요. 피가 혈관을 타고 온몸 구석구석까지 가지 못하면 세포는 산소나 영양분을 제대로 공급받지 못해요. 그뿐만이 아니에요. 혈전 덩어리가 심장이나 뇌로 가는 혈관을 막으면 심장마비나 뇌졸중이 일어나 목숨까지 위험해질 수 있답니다.

피가 끈적끈적해지는 원인

그렇다면 왜 피가 끈적거리고 더러워지는 걸까요? 원인은 다양해요. 우선 기름기나 당분이 많은 음식을 자주 먹기 때문이에요. 이런 음식을 먹으면 혈액 속에도 지방이나 당 성분이 많아져서 피가 점점 끈적끈적하고 걸쭉한 상태로 변하지요.

공기 오염이나 담배를 피우는 것도 피가 끈적끈적해지는 원인이에요. 오염된 공기를 마시거나 담배를 피워서 산소가 부족해지면 핏속의 적혈구가 늘어나 피를 걸쭉하게 만들어요. 또 심한 스트레스를 받으면 피의 농도가 진해진다고 해요.

피를 깨끗하게 만드는 방법

더러워진 피를 깨끗하게 만들기 위해서는 적절한 운동이 꼭 필요해요. 신선한 산소를 마시고 몸속의 지방과 탄수화물을 태우는 운동을 하면 핏속의 지방과 당 성분도 줄어들지요. 많이 먹고 적게 운동하는 나쁜 생활 습관은 혈액 건강을 망치는 지름길이에요.

깨끗한 피를 유지하기 위해서는 건강에 좋은 음식을 먹어야 해요. 특히 짠 음식을 피하고, 채소와 과일을 많이 먹는 게 좋아요. 채소와 과일에 든 식이 섬유가 지방이나 소금기를 몸 밖으로 내보내거든요. 또 채소와 과일의 항산화 성분은 지방 성분이 혈관에 쌓이는 것을 막아 주지요. 채소와 과일은 핏속의 찌꺼기를 치워 주는 청소부 역할을 해요.

콩, 우유, 생선, 살코기 같은 단백질 식품을 많이 먹는 것도 도움이 돼요. 혈관이 주로 단백질로 이루어져 있기 때문이지요. 혈액은 절반 이상이 물이기 때문에 물을 많이 마시는 것도 좋아요. 물을 너무 적게 마셔도 피가 진해진답니다.

4화
피로 만든 음식이 있다고?!

문화 피와 관련된 문화

- 피로 만든 음식
- 성격 좋은 혈액형이 있다? 없다!
- 인간의 피를 신에게 바치다

한눈에 쏙 피와 관련된 문화
한 걸음 더 드라큘라 백작 이야기

피와 관련된 문화 • 75

피로 만든 음식

드라큘라도 아닌데 피를 먹는다니? 상상만 해도 무섭다고요? 그런데 우리 주변에도 알고 보면 피로 만든 음식이 있어요. 바로 떡볶이랑 같이 즐겨 먹는 순대랍니다!

순대와 선지 해장국

순대는 깨끗이 씻은 돼지 창자 속에 여러 가지 재료를 섞은 순대 소를 가득 담아 쪄서 먹는 음식인데요. 순대 소를 만들 때 각종 채소, 당면이나 찹쌀, 파, 마늘 등과 함께 돼지 피나 소 피를 넣습니다. 옛날에는 순대가 생일이나 명절에 먹을 수 있는 귀한 음식이었다고 해요.

동물 피가 직접 들어간 음식도 있는데, 동물 피를 뜻하는 '선지'가 가득 들어간 선지 해장국입니다. 피를 굳혀 만든 선지에는 철분이 풍부하게 들어 있어 빈혈 예방에 좋아요. 철분이 부족하기 쉬운 임산부, 노인에게도 좋은 음식이에요. 선지는 조선 시대 요리책에도 등장할 정도로 오랫동안 사랑받아 온 음식 재료이지요.

영국 순대, 블랙 푸딩

순대와 비슷한 음식은 전 세계 곳곳에서 발견할 수 있어요. 영국의 대표 음식인 블랙 푸딩과 스페인의 모르시야는 돼지 피를 이용해 만든 소시지예요.

동물 피를 이용해 소시지를 만들기 시작한 것은 옛날 그리스 시대부터라고 해요. 가난한 사람이 얻기 쉬웠던 돼지 창자에 피와 값싼 오트밀이나 보리를 채워 먹던 것에서 시작되었지요.

중국의 마오쉐왕과 베트남의 띠엣깐

우리나라 선짓국처럼 피를 굳힌 선지를 이용한 다른 나라 요리가 있어요. 중국 쓰촨성 지방의 대표 음식인 마오쉐왕인데, 요리의 주재료가 오리 피예요. 오리 선지에 여러 가지 양념을 해 얼큰하게 만든 음식이지요.

베트남의 전통 음식 띠엣깐은 오리나 염소의 생피에 땅콩과 고수를 넣어 먹는 음식이에요. 띠엣깐은 완전히 굳지 않은 푸딩 같은 상태이기 때문에 '피로 만든 스프'라고도 불리지요.

또한 티베트 유목민이나 북극 지방에 사는 이누이트 등은 단백질을 보충하려고 동물에게서 뽑은 생피를 먹기도 해요.

마오쉐왕(위)과 띠엣깐(아래)

성격 좋은 혈액형이 있다? 없다!

"B형은 개성이 강해."
"O형이라 성격이 좋네~."

사람들은 혈액형에 따라 A형은 섬세하고, B형은 솔직하며, AB형은 창의적이고, O형은 낙천적이라고 말하곤 해요. 그런데 정말 혈액형이 사람의 성격을 결정하는 데 영향을 미칠까요?

혈액형으로 구분하다

제1차 세계 대전 직후 한 과학자가 여러 나라 군인의 혈액형을 조사하다가 백인일수록 A형이, 아시아인 또는 아프리카인일수록 B형의 비율이 높다는 것을 알게 됐지요.

이 결과를 독일의 나치와 일본의 독재자들이 나쁘게 이용했어요. 백인처럼 A형이 많은 민족일수록 우월하고, B형이 많은 민족은 열등하다는 말도 안 되는 주장을 펼쳤지요. 그들은 이 주장을 악용해 다른 민족을 지배하고 식민지로 만드는 것을 합리화했어요. 조선인은 일본인보다 B형 비율이 높으니 열등하고, 지배당할 만하다는 식으로 말이지요.

혈액형이 같으면 같은 성격이라고?

그 뒤 여러 사람이 혈액형을 사람의 성격과 연관시켜 연구하면서 혈액형 성격학이 생겨났어요. 그러나 혈액형과 성격 사이에 연관성이 있다는 주장은 과학적으로 전혀 근거가 없는
말이랍니다. 혈액형은 적혈구 표면에 있는 당단백질의 종류로 결정될 뿐이에요.

혈액형이 성격에 영향을 미친다면, 같은 혈액형인 사람은 모두 비슷한 성격이어야 할 텐데 전혀 그렇지 않거든요. 같은 혈액형인 일란성 쌍둥이가 정반대 성격을 나타내기도 하고, 골수 이식을 받아 혈액형이 달라져도 성격은 변하지 않는 것처럼 말이죠. 또한 페루 원주민은 100퍼센트 O형 혈액형인데, 혈액형과 성격이 연관 있다면 이들은 모두 같은 성격이라는 이상한 결론이 나오겠지요?

피와 관련된 문화 • 79

인간의 피를 신에게 바치다

피는 우리 몸에서 정말 중요한 역할을 해요. 피가 정확히 어떤 역할을 하는지 알려지지 않은 옛날에도 사람들은 피를 신성하고 중요한 존재로 생각했지요. 그래서 피나 심장을 신에게 바칠 수 있는 최고의 제물이라고 여겼어요. 로마의 뛰어난 시인 베르길리우스는 피를 '보랏빛 영혼'이라고 표현하기도 했지요. 이처럼 피에 영혼이 깃들어 있다고 생각했기 때문에 사람의 피를 바치는 것은 인간의 영혼까지 신에게 바친다는 다짐과 같았답니다.

제사 제

물건 물

인간의 피를 귀한 제물로 여긴 마야족

마야 문명은 아스테카 문명, 잉카 문명과 함께 중남미를 대표하는 3대 문명입니다. 마야 문명은 멕시코에서 중앙아메리카에 이르는 넓은 지역에 오랫동안 번성했어요. 마야족은 그림 문자인 신성 문자를 사용하여 독특한 문화를 이루었는데, 특히 수학과 천문학이 발달했지요. 그들은 0의 개념을 알았고, 20진법을 사용해 숫자를 나타냈어요. 또 1년이 365.2420일이라고 밝혀냈는데, 이는 실제 1년 길이인

365.2422일과 거의 같지요.

한편 마야족은 신들이 자기 종족을 보살펴 주기 때문에 신을 위한 제사를 지내고 귀한 제물을 바쳐야 한다고 생각했어요. 이때 인간의 피를 매우 중요한 제물로 여겼답니다. 살아 있는 인간을 죽여 그 피를 신에게 바치는 일은 마야족의 가장 중요한 종교 행사였지요.

보통 전쟁에서 잡혀 온 다른 나라의 귀족이나 왕족 포로를 제물로 바쳤어요. 낮은 계급의 포로는 제물로 바칠 가치가 없다 하여 노예로 썼지요.

아스테카 문명에서 발견된 많은 해골

또 다른 중남미 3대 문명인 아스테카 문명은 1300년경부터 1521년까지 멕시코 중앙 고원을 중심으로 번영하였어요. 아스테카 문명에서도 무시무시한 제사 의식이 이루어졌다고 해요. 아스테카 문명이 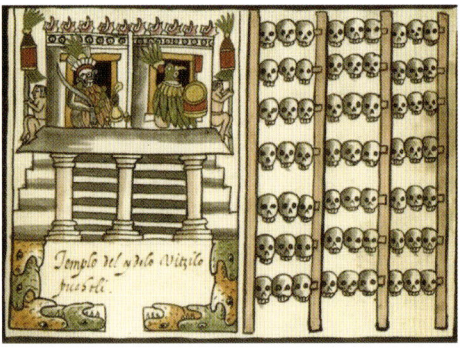 번성했던 지역에서 엄청난 양의 해골이 발견되었기 때문이지요.

아즈테카 왕국을 세운 아즈텍족은 신들이 피를 흘려 세상을 창조했고, 신들 몸에서 인간이 생겨났다고 믿었어요. 그들은 신에게 빚진 피를 갚기 위해 전쟁에서 사로잡은 적군의 심장과 피를 바쳤어요. 1년에 무려 2만 명에 이르는 포로를 신에게 바치곤 했지요. 또 신에게 바친 제물의 해골을 벽에 걸어 두었답니다.

피와 관련된 문화

피로 만든 음식
- 순대 : 돼지 창자 속에 채소, 당면이나 찹쌀, 파, 마늘 등과 함께 돼지 피나 소 피를 섞어 만듦
- 선지 해장국 : 동물의 피를 굳혀 만든 선지가 들어간 음식. 선지에는 철분이 풍부하게 들어 있음
- 블랙 푸딩 : 영국의 대표 음식으로, 돼지 피를 이용해 만든 소시지
- 마오쉐왕 : 중국 쓰촨성 지방의 대표 음식으로 오리 피를 굳힌 선지에 여러 가지 양념을 해 얼큰하게 만든 음식
- 띠엣깐 : 오리나 염소의 생피에 땅콩과 고수를 넣어 먹는 음식으로, 푸딩 같은 상태

혈액형과 성격
- 제1차 세계 대전 직후 한 과학자가 여러 나라 군인의 혈액형을 조사함 ⋯▶ 백인일수록 A형이, 아시아인 또는 아프리카인일수록 B형의 비율이 높다는 것을 알게 됨 ⋯▶ 이 결과를 독일의 나치와 일본 제국의 독재자들이 악용하여, 다른 민족을 지배하고 식민지로 만드는 것을 합리화함
- 혈액형은 적혈구 표면에 있는 당단백질의 종류로 결정됨 ⋯▶ 혈액형이 성격

에 영향을 미친다면, 같은 혈액형의 사람들은 모두 비슷한 성격이어야 할 텐데 전혀 그렇지 않음 ⋯ 같은 혈액형인 일란성 쌍둥이가 정반대 성격을 나타내기도 하고, 골수 이식을 받아 혈액형이 달라져도 성격은 변하지 않음 ⋯ 혈액형과 성격 사이에 연관성이 있다는 주장은 과학적으로 전혀 근거 없음

피는 최고의 제물
- 옛날 사람들은 피를 신성하고 중요한 존재로 생각함 ⋯ 피나 심장을 신에게 바칠 수 있는 최고의 제물이라고 여김
- 마야 문명 : 중남미 3대 대표 문명. 멕시코에서 중앙아메리카에 이르는 넓은 지역에 번성함. 살아 있는 인간을 죽여 그 피를 신에게 바치는 일은 마야족의 가장 중요한 종교 행사. 전쟁에서 잡혀 온 다른 나라의 귀족이나 왕족 포로를 제물로 바침
- 아스테카 문명 : 중남미 3대 대표 문명. 아즈텍족은 신들이 피를 흘려 세상을 창조했고, 신들 몸에서 인간이 생겨났다고 믿음 ⋯ 신에게 빚진 피를 갚기 위해 전쟁에서 사로잡은 적군의 심장과 피를 바침

한 걸음 더!

드라큘라 백작 이야기

사람의 피를 빨아 먹는 귀신인 흡혈귀. 유럽에서는 뱀파이어, 중국에서는 강시, 아라비아에서는 구울이라고 불리죠. 우리가 많이 알고 있는 흡혈귀는 드라큘라 백작이에요.

사실 드라큘라 백작은 브램 스토커가 1897년에 발표한 《드라큘라》라는 소설의 주인공입니다. 흡혈귀임을 숨기고 성에 사는 주인공의 이름이지요. 이 소설은 전 세계적으로 큰 인기를 얻었으며, 영화로도 많이 만들어졌어요.

그 뒤 사람들은 흡혈귀라고 하면, 영화 속 드라큘라의 특징을 떠올리게 되었어요. 핏기 없는 얼굴, 큰 송곳니, 턱시도와 검은 망토 같은 것 말이에요.

영화 〈드라큘라〉(1931년)에 나온 드라큘라 백작

뱀파이어 증후군, 포르피린증

어떤 사람들은 뱀파이어 이야기가 포르피린증(porphyria)이라는 병 때문에 생겼을지도 모른다고 생각해요. 포르피린증에 걸린 사람의 증상이 뱀파이어의 특징과 비슷한 점이 많거든요. 그래서 이 병은 뱀파이어 증후군이라고도 불립니다.

적혈구의 혈색소인 헤모글로빈은 헴(Heme)이라는 물질과 글로빈(globin)이라는 단백질이 결합해서 만들어져요. 만약 선천적 또는 후천적인 이유로 헴이 제대로 합성되지 못하면 포르피린증이 생겨요. 포르피린증 환자의 몸속에서는 적혈구가 정상적으로 생기지 않아요. 그래서 제대로 된 치료법이나 수혈 시스템이 없던 때는 피나 간을 직접 먹는 환자도 있었어요.

또 포르피린증 환자들은 햇빛을 받으면 피부에 심한 물집이 생기거나 화상을 입는다고 해요. 포르피린증 환자들은 얼굴빛이 창백하고 잇몸에도 변화가 생겨서 이가 보통 사람들보다 길어 보이지요.

지금은 혈관에 '헤민'이라는 헴의 화합물을 넣어 주면 포르피린증 환자도 정상적인 생활을 할 수 있답니다.

사건을 해결하라!

직업 피와 관련된 직업

· 핏자국으로 범인을 찾는다 - 과학 수사대
· 혈액 질병을 정복하기 위해! - 혈액학자
· 피가 필요한 사람을 도와요 - 혈액 관리 기관

한눈에 쏙 피와 관련된 직업
한 걸음 더 '조혈 모세포 은행'에는 조혈 모세포가 없다?!

핏자국으로 범인을 찾는다 – 과학 수사대

미국에 CSI가 있다면 우리나라엔 KCSI(Korea Crime Science Investigation)가 있어요. 우리나라 과학 수사대인 KCSI는 범죄 현장에 남겨진 것을 과학적인 방법으로 수사하여 범인의 실마리를 찾아내는 경찰청 소속의 기관이랍니다.

과학 수사대가 하는 일

과학 수사대가 하는 일을 살펴볼까요? 범죄 현장 신고가 접수되면 제일 먼저 현장 감식 팀이 출동 준비를 해요. 사건 현장에 남아 있는 증거를 최대한 빠르게 수집해야 하기 때문이지요.

현장 감식 팀은 각종 화학 약품과 도구, 카메라 장비 등이 가득 담긴 가방을 들고 사건 현장으로 출동해요. 현장에서 발견된 지문이나 발자국, 손자국, 머리카락, 핏자국 등 범인과 피해자가 남긴 흔적은 모두 조사합니다.

사건 현장의 또 다른 목격자, 혈흔

목격자가 없는 살인 사건 현장에서는 핏자국이 매우 중요한 증거예요. 피를 이용하면 범인의 혈액형을 알아낼 수 있고, 유전자를 검사할 수도 있지요. 또 사람 몸에서 흘러나온 피는 현장 주변 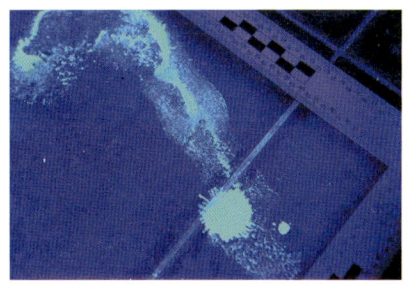 이나 물건 등에 묻은 채 말라붙어요. 이런 피의 흔적(혈흔)은 '사건 현장의 또 다른 목격자'라고 할 만큼 많은 정보를 알려 준답니다.

범인이 아무리 핏자국을 깨끗하게 닦아 내도 루미놀이란 약품을 사용하면 벽이나 가구, 물건에 스며든 혈흔을 찾아낼 수 있어요. 루미놀은 핏속의 헤모글로빈을 만나면 파란 형광빛을 내거든요. 혈흔으로 피가 흐른 위치와 방향을 조사하면, 사건 당시 피해자와 범인의 위치를 추측할 수 있어요. 또한 시간이 지날수록 변하는 피의 색을 통해 피해자의 사망 시각도 추정해 볼 수 있지요. 혈흔 분석 덕분에 처음에 범인으로 지목되었던 사람이 범인이 아니라고 밝혀지고 진짜 범인이 잡힌 경우도 있답니다.

범죄 수법이 점점 복잡해지면서 과학 수사대의 역할도 커져 가고 있 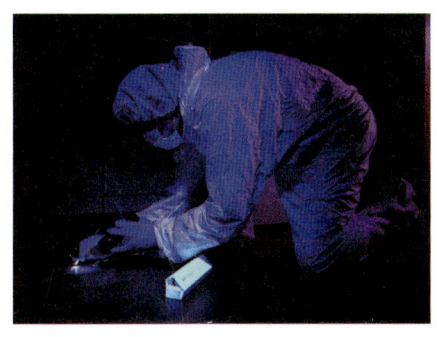 어요. 범인이 남긴 증거를 하나도 놓치지 않고 끝까지 추적해야 하는 과학 수사대원에게 침착하고 꼼꼼한 성격, 그리고 인내심은 필수랍니다.

혈액 질병을 정복하기 위해! – 혈액학자

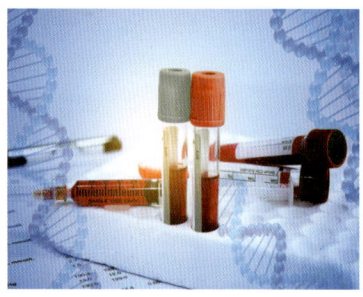
우리 몸 전체에 혈액이 미치는 영향은 어마어마해요. 그런 만큼 혈액 관련 연구와 혈액 관련 질병의 치료법 개발은 아주 중요하지요. 혈액학자들이 하는 일을 알아볼까요?

혈액학을 연구하는 혈액학자

혈액학은 피를 만드는 기관(조혈 기관)인 골수나 조혈 모세포, 그리고 적혈구·백혈구·혈소판 같은 혈구를 연구하는 학문이에요. 조혈 기관과 혈구가 어떻게 생겨나고 기능하는지, 또 이러한 세포나 기관에 왜 병이 생기는지를 다루지요.

혈액학자들은 조혈 모세포 이식이나 항암 치료를 통해 혈액 질병으로 고통받는 환자들을 치료하고, 새로운 치료법을 개발하기 위해 다양한 연구를 해요. 또한 혈액 질병의 정확한 원인을 찾고, 더 나은 치료법을 개발하기 위해 끊임없이 노력하지요.

 ## 피가 필요한 사람을 도와요 – 혈액 관리 기관

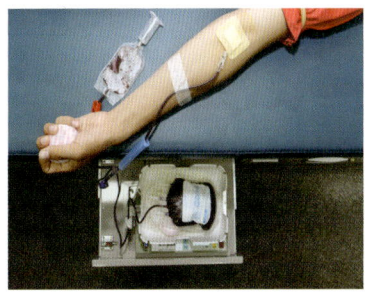

혈액은 우리 몸에 꼭 필요하지만 인공적으로 만들어 내지는 못해요. 그렇기에 사고를 당하거나 수술 중 피를 많이 흘린 환자에게는 수혈을 통해 혈액을 공급해 줘야 하지요.

헌혈, 생명을 구하는 소중한 나눔

수혈이 급하게 필요할 때 딱 맞춰 피를 줄 사람을 찾기란 어려운 일이에요. 혈액형도 맞아야 하고요. 그래서 병원에서는 수혈이 필요한 상황에 대비해 일정한 양의 혈액을 보관해 놓지요.

그런데 생명을 사고팔 수 없는 것처럼 혈액도 사고팔 수 없어요. 오직 헌혈만이 가능하지요. 헌혈은 건강한 사람이 자신의 피를 뽑아 기부하는 일을 말해요. 우리나라에서는 만 16세부터 69세까지 헌혈할 수 있어요.

헌혈하기 위해서는 대한적십자사가 운영하는 '헌혈의 집'이나 한마음혈액원이 운영하는 '헌혈 카페', 또는 두 단체가 모두 운영하는 '헌혈 버스'를 이용하면 됩니다. 대한적십자사의 혈액 관리 본부와 한마음혈액원은 혈액을 안전하게 검사하고 관리·공급하는 전문 기관이지요.

피는 너무 많이 뽑지만 않으면 곧 다시 생기기 때문에 건강에 아무런 영향을 주지 않지만, 5분의 1 이상은 위험해요. 헌혈은 수혈이 필요한 환자의 생명을 구하는 소중한 나눔이랍니다.

한눈에 쏙!

피와 관련된 직업

과학 수사대

- KCSI : 우리나라 과학 수사대. 범죄 현장에 남겨진 것을 과학적인 방법으로 수사하여 범인의 실마리를 찾아내는 경찰청 소속 기관
- 과학 수사대가 하는 일 : 범죄 현장 신고가 접수되면 현장 감식 팀이 출동함 ⋯→ 현장 감식 팀은 현장에서 발견된 지문이나 발자국, 손자국, 머리카락, 핏자국 등 범인과 피해자가 남긴 흔적을 모두 조사함
- 핏자국 : 목격자가 없는 살인 사건 현장에서 중요한 증거. 피를 이용하면 범인의 혈액형을 알아낼 수 있고, 유전자를 검사할 수 있음. 피가 흐른 위치와 방향을 조사하면 사건 당시 피해자와 범인의 위치를 추측할 수 있음. 피의 색을 통해 피해자의 사망 시각을 추정할 수 있음
- 루미놀 : 핏속의 헤모글로빈을 만나면 파란 형광빛을 내는 약품. 루미놀을 사용하면 깨끗하게 닦아 낸 핏자국도 찾아낼 수 있음

혈액학자

- 혈액학 : 피를 만드는 기관(조혈 기관)인 골수나 조혈 모세포, 그리고 적혈구·백혈구·혈소판 같은 혈구를 연구하는 학문. 조혈 기관과 혈구가 어떻게 생겨나고 기능하는지, 이런 세포나 기관에 왜 병이 생기는지를 다룸

- 혈액학자 : 혈액 질병의 정확한 원인을 찾고 더 나은 치료법을 개발함

혈액 관리 기관
- 혈액은 우리 몸에 꼭 필요하지만 인공적으로 만들어 내지 못함 ⋯▶ 사고를 당하거나 치료를 위해 피가 부족한 환자에게는 수혈을 통해 혈액을 공급함 ⋯▶ 병원에서는 수혈이 필요한 상황에 대비해 미리 일정한 양의 혈액을 보관함
- 헌혈 : 건강한 사람이 자신의 피를 뽑아 기부하는 일로, 환자의 생명을 구하는 수단. 피를 사고파는 일은 금지되어 있음. 우리나라에선 만 16세부터 69세까지 헌혈이 가능함. 피는 너무 많이 뽑지만 않으면 곧 다시 생김
- 대한적십자사의 혈액 관리 본부와 한마음혈액원은 혈액을 안전하게 검사하고 관리·공급하는 전문 기관

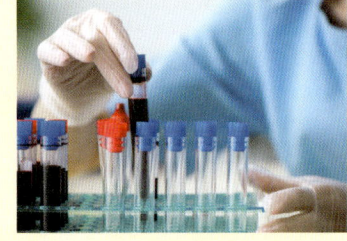

'조혈 모세포 은행'에는 조혈 모세포가 없다?!

사람들이 기증한 소중한 혈액을 환자에게 제때 공급하기 전까지 잠시 보관하는 곳을 혈액 은행이라고 해요. 재산을 안전하게 보관하기 위해 은행이 있는 것처럼 말이죠.

조혈 모세포 은행이란 곳도 있어요. 하지만 이곳에 조혈 모세포가 보관되어 있지는 않답니다.

피를 만들어 내는 엄마 세포인 조혈 모세포에 이상이 생기면 단순히 피를 보충해 주는 것만으론 병을 치료할 수 없어요. 건강한 조혈 모세포를 몸속에 넣어 주어 정상적으로 피를 만들어 낼 수 있

도록 해야 하지요. 조혈 모세포의 문제로 생긴 백혈병, 재생 불량성 빈혈 등은 건강한 조혈 모세포를 이식해서 치료할 수 있어요.

조혈 모세포 은행이 하는 일

조혈 모세포 이식에서 가장 중요한 점은 기증자와 환자의 조혈 모세포가 같은 종류인가 하는 것이에요. 다른 종류의 조혈 모세포가 이식되면 환자의 몸은 이식된 조혈 모세포를 외부 침입자로 인식하고 공격하기 때문이지요.

그러나 조혈 모세포의 유전자형이 같기는 쉽지 않아요. 부모와 자식 사이에는 5퍼센트, 형제자매 사이에는 25퍼센트, 가족이 아닌 다른 사람의 경우에는 수천에서 수만분의 1의 낮은 확률이죠. 그만큼 기증자를 찾는 게 무척 어려워요. 조혈 모세포 은행은 조혈 모세포 이식이 필요한 환자에게 기증자를 찾아 주는 기관이에요. 이름은 은행이지만 실제로 조혈 모세포를 보관하지 않고, 기증 희망자를 등록받았다가 필요한 환자에게 기증자를 연결해 주는 역할을 하지요. 조혈 모세포 은행은 기증을 희망하는 사람을 등록해요. 이때 약간의 피를 뽑아 검사를 해 두죠. 이후 조혈 모세포의 종류가 같은 환자가 나타나면 기증자에게 연락해서 기증 의사를 다시 확인해요. 그리고 병원에서 채취한 기증자의 조혈 모세포를 환자에게 이식할 때까지 도와준답니다.

모집 기관	⇄	조정 기관	⇄	이식 의료 기관
조혈 모세포 기증 희망자 모집 및 등록 수행		조혈 모세포 기증 및 이식 관리 업무		기증 희망자에게서 채취한 조혈 모세포를 받아 환자에게 이식 시행
가톨릭조혈모세포은행 한국조혈모세포은행협회 대한적십자사 생명나눔실천본부 한마음한몸운동본부		가톨릭조혈모세포은행 한국조혈모세포은행협회		

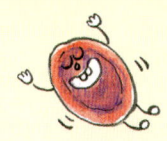

워크북

1화 역사 - 피를 연구하다

1 다음 의학자와 관련된 내용을 바르게 짝지어 봐요

히포크라테스 ①　　　　　　㉠ 우리 몸을 이루는 네 가지 액체가
　　　　　　　　　　　　　　　균형을 이룰 때 건강해요.

　　하비 ②　　　　　　　　㉡ 모세 혈관이 동맥과 정맥을
　　　　　　　　　　　　　　　연결하지요.

　　말피기 ③　　　　　　　㉢ 피는 심장에서 나왔다가 다시 심장으로
　　　　　　　　　　　　　　　돌아가며 우리 몸을 계속 돌아요.

　레이우엔훅 ④　　　　　　㉣ 피가 붉게 보이는 것은 핏속의
　　　　　　　　　　　　　　　빨간 알갱이 때문이에요.

2 다음 글을 읽고 빈칸에 들어갈 단어를 골라 봐요.

> 혈관에는 (㉠)과 (㉡)이 있어요. (㉠)은 심장에서 나가는 피가 흐르는 혈관이고, (㉡)은 심장으로 들어오는 피가 흐르는 혈관이지요. 보통 (㉠)은 피부 깊숙한 곳에 있지만, (㉡)은 몸의 표면 쪽에 많이 퍼져 있어서 쉽게 관찰할 수 있어요.

① 정맥　　　　　　② 동맥
③ 모세 혈관　　　　④ 폐

3 다음을 읽고 잘못 알고 있는 사람을 골라 봐요.

① 오래전 유럽에서는 아픈 사람에게 피를 넣어 병을 낫게 했어요.

② 프랑스의 드니라는 의사가 처음으로 양에서 뽑은 피를 사람에게 넣었지요.

③ 영국의 의사 블룬델이 동물 피가 아닌 건강한 사람의 피를 넣어 주는 방법을 시도했지만, 여전히 문제가 많았어요.

④ 란트슈타이너는 사람의 피에 네 종류가 있다는 것을 발견하고, A형, B형, O형, AB형이라고 이름 붙였어요

4 갈레노스는 혈액은 간에서 만들어지고 몸속에서 다 쓰인 뒤 사라진다고 했어요. 하지만 하비는 갈레노스의 주장이 틀렸다고 생각했지요. 하비는 어떤 이유로 그렇게 생각했을까요? 서술형 문항 대비 ✓

2화 개념 – 혈액 순환과 피의 성분

1 다음을 읽고 '이것'이 무엇인지 써 봐요.

> 심장을 자세히 보면 심방과 심실 사이, 심실과 동맥 사이에 '이것'이 있어요. '이것'은 한쪽 방향으로만 열리기 때문에 혈액이 거꾸로 흐르는 것을 막는답니다.

_____

2 다음은 혈액 순환에 관한 설명과 그림입니다. 글을 읽고 그림에서 가리키는 곳의 이름을 적어 보세요.

> 심장과 폐 사이의 혈액 순환은 '폐순환'이라 해요. 피는 우심실에서 폐로 가서 산소를 받아요. 산소를 가득 담은 피는 좌심방으로 돌아오지요. 좌심방으로 돌아온 피는 좌심실로 갔다가, 좌심실에서 대동맥을 통해 온몸으로 나가요. 피는 온몸을 돌며 산소를 장기와 세포에 나눠 줘요. 그리고 이산화탄소를 가지고 대정맥을 통해 우심방으로 돌아오지요. 심장에서 온몸으로 도는 혈액 순환을 '온몸순환'이라고 불러요.

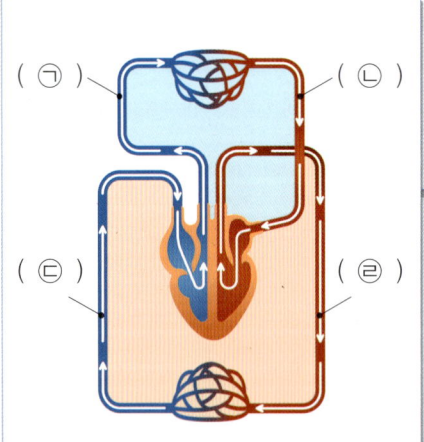

㉠ : _____   ㉡ : _____

㉢ : _____   ㉣ : _____

3 다음 중 피의 성분을 잘못 설명한 것을 골라 봐요.

① 피의 약 55퍼센트를 차지하는 혈장은 대부분 물로 이루어져 있고, 단백질과 지방, 당 등이 조금 섞여 있어요.

② 적혈구의 가장 중요한 임무는 산소를 온몸 구석구석까지 전달해 주는 일이에요.

③ 우리 몸을 지켜 주는 방패막이 역할을 하는 백혈구는 쌍둥이처럼 똑같이 생겼답니다.

④ 혈소판은 혈구 가운데 크기가 가장 작고 모양도 일정하지 않지만, 상처가 났을 때 피를 멎게 하는 중요한 일을 합니다.

4 B형인 사람의 몸속에 갑자기 A형의 피가 들어온다면 어떤 일이 일어날까요? 항원 항체 반응으로 설명해 보아요. 서술형 문항 대비 ✓

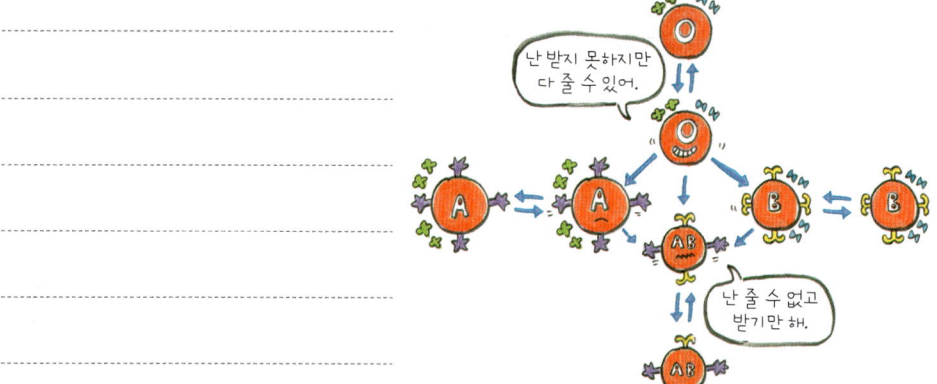

3화 건강 – 피와 관련된 병

1 다음 중 빈혈에 관한 설명으로 틀린 것을 골라 봐요.

① 핏속에 들어 있는 적혈구 또는 헤모글로빈이 정상보다 적은 상태를 빈혈이라고 해요.
② 몸속에 적혈구가 부족하면 산소의 양도 모자라서 머리가 아프고 어지러우며 기운이 없어집니다.
③ 골수에 병이 생겨서 적혈구가 줄어들고 백혈구와 혈소판은 늘어나는 병을 재생 불량성 빈혈이라고 해요.
④ 철분이 부족해서 생기는 빈혈을 철 결핍성 빈혈이라 하지요.

2 다음 그림을 보고 틀린 것을 골라 봐요.

① 혈소판이 피를 멈추게 하는 과정을 보여 주는 그림이에요.
② 피가 굳는 과정에는 혈액 응고 인자라는 물질도 같이 작용해요.
③ 몸속에 혈소판이 모자라는 혈소판 감소증에 걸리면, 코피가 잘 멈추지 않거나 멍이 쉽게 들지요.
④ 혈우병은 혈소판이 부족해 피가 잘 멈추지 않는 유전병이에요.

3 다음 설명 중 옳은 것을 모두 골라 봐요.

① 백혈병은 골수에서 비정상적인 백혈구의 수가 엄청나게 불어나는 병이에요.

② 비정상적인 백혈구들은 정상적인 면역 작용을 하지 못하고, 정상 조직을 공격하는 이상 반응을 나타내기도 하지요.

③ 백혈병은 완치가 불가능한 불치병이에요.

④ 항암제는 빨리 자라는 세포를 찾아서 없애는 방법으로 암세포를 없애기에 다른 세포에는 전혀 영향을 주지 않아요.

4 다음을 읽고 괄호 안에 들어갈 단어를 〈보기〉에서 골라 적어 봐요.

> 우리 몸에서 면역 기능에 가장 큰 역할을 하는 것은 백혈구예요. 그런데 백혈구를 공격하는 바이러스가 있어요. 바로 (㉠)이지요. 이 바이러스는 백혈구를 공격해 우리 몸의 면역력을 떨어뜨려요. 백혈구가 기능을 잃으면 우리 몸의 면역 체계는 심각한 위험에 빠지고 말지요. 이 바이러스에 감염된 병이 후천성 면역 결핍증인 (㉡)입니다. 이 병에 걸린 환자는 면역 체계가 망가져서 가벼운 감기로도 목숨을 잃을 수 있어요.

보기

백혈병   에이즈   사람 면역 결핍 바이러스   코로나 바이러스

㉠ : _____   ㉡ : _____

4화 문화 – 피와 관련된 문화

1 다음 요리의 공통점은 무엇인지 써 보아요.

_____

2 다음 중 혈액과 성격에 관한 설명으로 옳은 것을 골라 봐요.

① 같은 혈액형의 사람들은 모두 비슷한 성격이에요.
② 골수 이식을 받아 혈액형이 바뀌면 성격도 반드시 달라집니다.
③ 혈액형과 성격 사이에 연관성이 있다는 주장은 과학적으로 전혀 근거 없는 말입니다.
④ 혈액형은 백혈구 표면에 있는 당단백질의 종류로 결정될 뿐이에요.

3 다음을 읽고 어떤 문명에 관한 설명인지 골라 봐요.

> 멕시코에서 중앙아메리카에 이르는 넓은 지역에서 오랫동안 번성했어요. 그림 문자인 신성 문자를 사용하여 독특한 문화를 이루었는데, 특히 수학과 천문학이 발달했지요. 그들은 0의 개념을 알았고, 20진법을 사용해 숫자를 나타냈어요. 또 1년이 365.2420일이라고 밝혀냈는데, 이는 실제 1년 길이인 365.2422일과 거의 같지요. 살아 있는 인간을 죽여 그 피를 신에게 바치는 일은 그들의 가장 중요한 종교 행사였어요.

① 잉카 문명 ② 아스테카 문명
③ 마야 문명 ④ 나스카 문명

4 제1차 세계 대전 직후, 한 과학자가 여러 나라 군인의 혈액형을 조사하다가 백인은 A형이, 유색인종은 B형의 비율이 높다는 결과를 발견했어요. 독일의 나치와 일본의 독재자들은 이 결과를 나쁘게 이용했어요. 어떻게 악용했을까요? `서술형 문항 대비` ✓

5화 직업 – 피와 관련된 직업

1 다음을 읽고 괄호 안에 들어갈 단어로 알맞은 것을 골라 봐요.

> 범인이 아무리 핏자국을 깨끗하게 닦아 내도 (㉠)을 사용하면 벽이나 가구, 물건에 스며든 혈흔을 찾아낼 수 있어요. 이 약품은 핏속의 (㉡)을 만나면 (㉢) 형광빛을 내기 때문이지요.

① ㉠ 루미놀 ㉡ 헤모사이아닌 ㉢ 파란
② ㉠ 루미놀 ㉡ 헤모글로빈 ㉢ 파란
③ ㉠ 라미놀 ㉡ 헤모사이아닌 ㉢ 빨간
④ ㉠ 라미놀 ㉡ 헤모글로빈 ㉢ 빨간

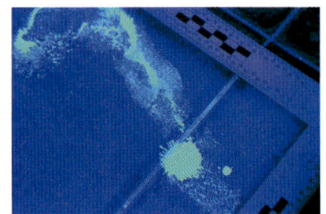

2 목격자가 없는 살인 사건 현장에서는 핏자국이 매우 중요한 증거예요. 핏자국으로 알 수 없는 것을 골라 봐요.

① 피를 이용하면 범인의 혈액형을 알아낼 수 있어요.
② 피가 흐른 위치와 방향을 조사해 사건 당시 피해자와 범인의 위치를 추측할 수 있어요.
③ 피의 색이 변한 정도를 통해 피해자의 사망 시각을 추정할 수 있어요.
④ 피를 이용하면 범인의 생김새를 알 수 있어요.

3 다음 설명 중 틀린 것을 골라 봐요.

① 혈액학은 피를 만드는 기관인 골수나 조혈 모세포, 그리고 적혈구·백혈구·혈소판 같은 혈구를 연구하는 학문이에요.
② 혈액학자들은 혈액 질병으로 고통받는 환자들을 치료하고, 새로운 치료법을 개발하지요.
③ 우리 몸 전체에 혈액이 미치는 영향은 어마어마해요.
④ 혈액은 우리 몸에 꼭 필요하기 때문에 인공적으로 만들어 내야 해요.

4 다음 중 헌혈에 관한 설명으로 옳은 것을 모두 골라 봐요.

① 생명을 사고팔 수 없는 것처럼 혈액도 사고팔 수 없어요.
② 헌혈은 건강한 사람이 자신의 피를 뽑아 기부하는 일을 말해요.
③ 피는 아무리 많이 뽑아도 곧 다시 생기기 때문에 괜찮아요.
④ 우리나라에서는 만 16세부터 69세까지 헌혈할 수 있어요.

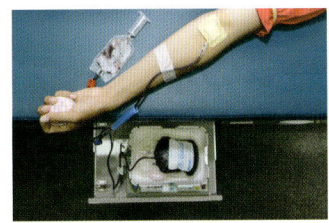

정답 및 해설

1화

1. ①-㉠, ②-㉢, ③-㉡, ④-㉣
➡ 히포크라테스는 '4체액설'을, 하비는 혈액 순환설을 주장했어요. 말피기는 모세 혈관을, 레이우엔훅은 적혈구를 발견했지요.
(☞16~17, 20~25쪽)

2. ㉠ ②, ㉡ ①
➡ 동맥은 심장에서 나가는 피가 흐르는 혈관이고, 정맥은 온몸을 돌고 난 피가 심장으로 들어오는 피가 흐르는 혈관이에요. (☞19쪽)

3. ④
➡ 란트슈타이너가 발견한 것은 A형, B형, O형이고, AB형은 란트슈타이너의 제자가 발견했어요. (☞27쪽)

4. 하루에 간에서 만들어 내야 하는 피의 양이 너무 많기 때문이에요.
➡ 심장은 1분에 70번 정도 수축하고, 한 번 수축할 때마다 나오는 피의 양은 약 60그램이에요. 따라서 1시간 동안 간이 만들어야 하는 피는 약 250킬로그램입니다. 하비는 이렇게 많은 양의 피를 간이 매일 만들어 낸다는 건 불가능하다고 생각했지요. (☞21쪽)

2화

1. 판막
➡ 판막 덕분에 혈액이 거꾸로 흐르지 않습니다. (☞38쪽)

2. ㉠ 폐동맥 ㉡ 폐정맥 ㉢ 대정맥 ㉣ 대동맥
➡ 피가 우심실에서 폐동맥을 통해 폐로 가서 산소를 받고 폐정맥을 통해 심장으로 돌아와요. 그리고 좌심실에서 대동맥을 통해 나온 피는 온몸을 돌고 대정맥을 통해 우심방으로 돌아오지요. (☞39쪽)

3. ③
➡ 우리 몸을 지키는 백혈구는 다양한 이름과 모습을 지니고 있어요. (☞42~44쪽)

4. B형 몸속의 항체들이 A형 피를 침입자인 항원으로 여겨 공격해요.
➡ 외부에서 들어온 침입자를 '항원', 항원을 공격하는 면역 물질을 '항체'라고 불러요. A형의 피에는 B형에 대응하는 항체 β가, B형에는 A형에 대응하는 항체 α가 있어요. 핏속을 떠다니던 항체는 외부에서 들어온 적혈구의 당단백질을 침입자인 항원으로 여겨서 공격하지요. (☞46~47쪽)

3화

1. ③
➡ 재생 불량성 빈혈은 골수에 병이 생겨서 적혈구가 줄어들고 백혈구와 혈소판 수치도 줄어드는 병입니다. (☞58~59쪽)

2. ④

⋯ 혈우병은 혈액 응고 인자가 부족해 피가 잘 멈추지 않는 유전병이에요. (☞60~61쪽)
3. ①, ②
⋯ 백혈병은 완치가 가능한 병이에요. 항암제는 머리카락처럼 빨리 자라는 세포에도 영향을 주어요. (☞62~64쪽)
4. ㉠ 사람 면역 결핍 바이러스 ㉡ 에이즈
⋯ 사람 면역 결핍 바이러스는 백혈구를 공격해 우리 몸의 면역력을 떨어뜨리고, 이 바이러스에 감염된 병이 에이즈예요. (☞65쪽)

4화

1. 동물의 피가 들어간 음식이에요.
⋯ 사진 왼쪽부터 중국의 마오쉐왕, 영국의 블랙 푸딩, 우리나라의 순대예요.
(☞76~77쪽)
2. ③
⋯ 같은 혈액형의 사람이라도 성격은 모두 제각각이고, 골수 이식을 받아 혈액형이 바뀐다고 성격이 달라지진 않아요. 혈액형은 적혈구 표면에 있는 당단백질의 종류로 결정되지요. (☞78~79쪽)
3. ③
⋯ 마야 문명은 아스테카 문명, 잉카 문명과 함께 중남미를 대표하는 문명이에요. 아스테카 문명은 1300년경부터 1521년까지 멕시코 중앙고원을 중심으로 번영하였어요. 잉카 문명은 15~16세기 초까지 남아메리카의 중앙 안데스 지방에서 번성했어요. (☞80~81쪽)
4. 다른 민족을 지배하고 식민지로 만드는 것을 합리화했어요.
⋯ 조선인은 일본인보다 B형 비율이 높아 열등하기에 지배당한다는 식으로 합리화했지요. (☞78쪽)

5화

1. ②
⋯ 루미놀은 핏속의 헤모글로빈을 만나면 파란 형광빛을 냅니다. (☞93쪽)
2. ④
⋯ 피를 이용해도 범인의 생김새는 알 수 없어요. (☞93쪽)
3. ④
⋯ 혈액은 인공적으로 만들어 낼 수 없어요. (☞94~95쪽)
4. ①, ②, ④
⋯ 피는 너무 많이 뽑지 않으면 곧 다시 생기기 때문에 괜찮지만, 5분의 1 이상은 위험해요. (☞95쪽)

찾아보기

ㄱ
갈레노스 ………………………… 18~20
골수 ……………………………………… 45
과학 수사대 ………………………… 92~93

ㄷ
당단백질 ………………………………… 46
동맥 …………………………………… 19~23
드라큘라 ………………………………… 84

ㄹ
란트슈타이너 ……………………… 26~27
레이우엔훅 ………………………… 24~25
루미놀 …………………………………… 93

ㅁ
말피기 …………………………………… 23
모세 혈관 ……………………………… 23

ㅂ
백혈구 ……………………… 25, 42~44
백혈병 ……………………………… 62~64
빈혈 ………………………………… 58~59

ㅅ
수혈 ………………………… 26~27, 47, 95

ㅇ
에이즈 …………………………………… 65

온몸순환 ………………………………… 39

ㅈ
적혈구 ……………………… 24~25, 40~42, 46~47, 58~59
정맥 ………………………………… 19, 21~23
조혈 모세포 ………………… 45, 64, 98~99

ㅊ
철분 …………………………… 41, 59, 76

ㅍ
판막 ……………………………………… 38
폐순환 …………………………………… 39
포르피린증 ……………………………… 85

ㅎ
하비 ………………………………… 20~22
헌혈 ……………………………………… 95
헤모글로빈 ……………………… 41~42, 85
혈소판 ……………………………… 44, 60~61
혈액 관리 기관 ………………………… 95
혈액학자 ………………………………… 94
혈액형 ……………………… 26~27, 46~47, 50~51, 78~79
혈우병 …………………………………… 61
혈장 ……………………………………… 40
히포크라테스 …………………………… 16

초등 교과 과정에 알맞게 개발한 통합교과 정보서

참 잘했어요 과학

하나의 과학 주제를 다양한 분야에서 살펴보는 통합교과 정보서입니다.
재미있는 스토리와 서술형 평가에 대비하는 워크북도 함께 실었습니다.
서울과학교사모임의 꼼꼼한 감수로 내용의 정확도를 높였습니다.

시원해! 상쾌해! **화장실과 똥**
글 이안 | 그림 이경석 | 값 11,000원

미생물은 힘이 세! **세균과 바이러스**
글 김희정 | 그림 이창우 | 값 11,000원

결정은 뇌가 하지! **뇌와 AI**
글 김희정 | 그림 이창우 | 값 11,000원

1 또 하나의 가족 **반려동물**
2 범인을 찾아라! **과학수사**
3 뼈만 남았네! **공룡과 화석**
4 과학을 타자! **놀이기구**
5 약이야? 독이야? **화학제품**
6 두 얼굴의 하늘 **날씨와 재해**
7 고수의 몸짱 비법 **운동과 다이어트**
8 이젠 4차 산업 혁명! **로봇과 인공지능**
9 과학을 꿀꺽! **음식과 요리**
10 외계인의 태양계 보고서 **우주와 별**
11 나 좀 살려 줘! **환경과 쓰레기**
12 시큼시큼 미끌미끌 **산과 염기**
13 시원해! 상쾌해! **화장실과 똥**

14 대비해! 대피해! **지진과 안전**
15 이게 무슨 소리?! **음악과 소음**
16 세상에서 가장 착한 초록 **반려식물**
17 가슴이 콩닥콩닥 **성과 사춘기**
18 눈이 따끔, 숨이 탁! **미세먼지**
19 미생물은 힘이 세! **세균과 바이러스**
20 그 옛날에 이런 생각을?! **전통과학**
21 땅속에서 무슨 일이?! **보석과 돌**
22 줄을 서시오! **원소와 주기율표**
23 드라큘라도 궁금해! **피와 혈액형**
24 불 때문에 난리, 물 때문에 법석! **기후 위기**
25 결정은 뇌가 하지! **뇌와 AI**
26 지켜 주지 못해 미안해! **멸종 동물**

27 생명이 꿈틀꿈틀! **바다와 갯벌**
28 가상에 쏙, 현실이 짠! **메타버스**
29 작지만 무서워! **미세 플라스틱**
30 세상이 번쩍, 생각이 반짝! **전쟁과 발명**
31 어제는 패션, 오늘은 쓰레기! **패스트 패션**
32 내 몸을 지켜라! **면역과 질병**
33 식물일까? 동물일까? **버섯과 곰팡이**
34 더 빨리, 더 멀리! **미래 교통**
35 땅이 바싹, 목이 바짝! **사막과 물**
36 살아남거나, 사라지거나 **인류와 진화**
37 무엇을 먹게 될까? **미래 식량**
38 지구 끝에 무슨 일이?! **북극과 남극**